Marie-Noëlle Bayard

Weißstickerei

Marie-Noëlle Bayard

Weißstickerei
Projekte zum Nacharbeiten

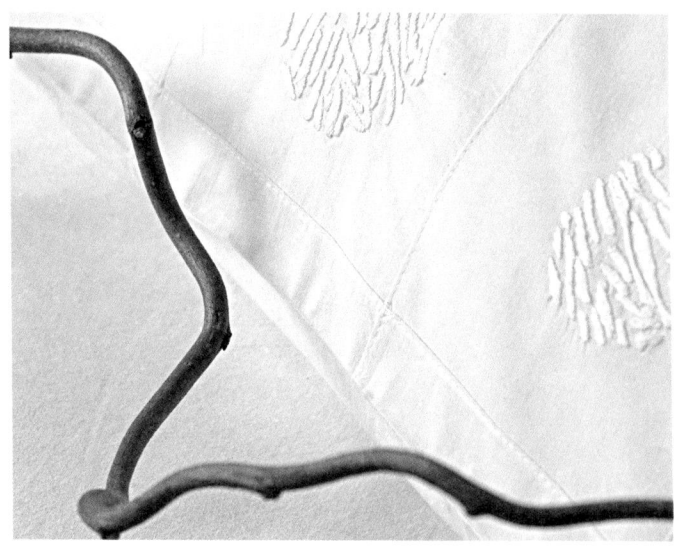

Fotografien von Frédéric Lucano
Fotostyling Sonia Lucano

Haupt Verlag
Bern · Stuttgart · Wien

Das Geheimnis der Farbe Weiß

»Helena zeichnete in ihrem Palast eine Stickerei auf ein großes Leintuch, welches so weiß wie Alabaster war...« (Homer, Ilias III, 120)

Auf den Spuren der antiken Heldin wollte ich verstehen, warum und wie die Weißstickerei die Frauenwelt seit Anbeginn begleitet und inspiriert hat.

Legende, sagen Sie vielleicht! Versuchen Sie es, und Sie lüften sehr rasch das Geheimnis: Mit weißem Garn auf weißem Tuch zu sticken, bedeutet, mit Licht zu arbeiten. Dies ist eine unvergleichliche Erfahrung, die die Tür zum Unendlichen öffnet. Zur unendlichen Feinheit der Strukturen, zum unendlichen Repertoire der Stickstiche, zur unendlichen Subtilität des Oberflächenspiels!

Weiß transzendiert das Stickmotiv, gleich, ob klassisch oder modern. Jede Stilübung vervielfältigt sich, und aus jeder Erfahrung erwächst eine neue. Lassen Sie Ihrer Fantasie zur Farbe Weiß freien Lauf: körniges Weiß von Raureif, Wachsweiß von Elfenbein, pudriges Weiß von Mehl, bläuliches Weiß von Kalkmilch, luftiges Weiß der Lilienblüte, irisierendes Weiß der Perle, seidiges Weiß der Eierschale, mineralisches Weiß der Kreide, weiches Weiß von Schnee. Kurzum: Bringen Sie Ihre Emotionen mit Nadel und Faden zum Ausdruck. Die Einfachheit der Methode ist erstaunlich.

In seinem »Traité de la vie élégante« vermerkt Honoré de Balzac: »Es ist somit nicht so sehr das Tuch selbst als vielmehr der Geist des Tuchs, den man erfassen muss...«

Die Weißstickerei führt Sie durch ihre zeitlose Sprache in das Paradies der Weisen und Philosophen.

Marie-Noëlle Bayard

Servietten

Servietten

Material: Servietten aus Baumwolldamast in Weiß mit verschiedenen Dessins, 1 Strang DMC-Sticktwist in Weiß (für 3 Servietten), Sticknadel Nr. 9, Stickring

Stiche: versetzter Spannstich, Stielstich, Plattstich

Maße des Stickmotivs: entsprechend den Stoffdessins

Stickanleitung

Da das Motiv auf dem Stoff bereits vorhanden ist, erübrigt sich das Aufzeichnen der Konturen. Wählen Sie ein Motiv in einer Serviettenecke.

Je nach Motiv entweder ganzflächig oder nur die Konturen sticken. In beiden Fällen mit zwei Teilfäden Sticktwist arbeiten. Den Stoff in den Stickring spannen. Zum Ausfüllen der Formen größere Flächen mit versetztem Spannstich und kleinere mit Plattstich aussticken. Konturen mit Stielstich sticken.

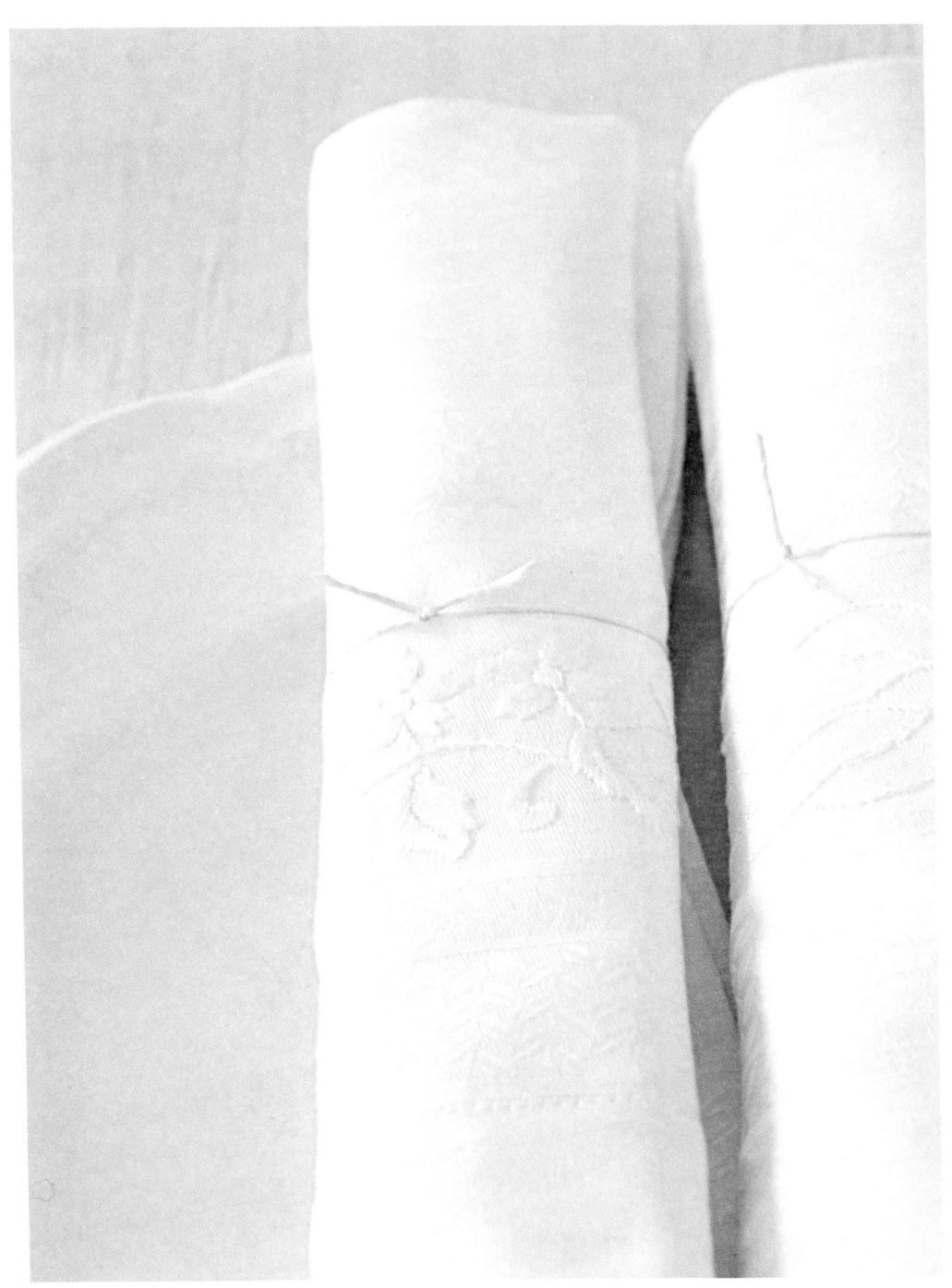

Tischset

Tischset

Material: 45 cm × 65 cm Leinendamast in Elfenbein, 1 Strang DMC-Perlgarn Nr. 5 in Ecru, Sticknadel Nr. 5, Stickring, Nähgarn in Ecru, Stecknadeln

Stiche: Palestrinastich

Maße des Stickmotivs: 18 cm × 18 cm

Stickanleitung

Wie in der Anleitung zum Übertragen mit Transparentpapier und Schneiderkopierpapier auf Seite 135 beschrieben, das Motiv 5 cm von den Stoffkanten entfernt auf die rechte obere Ecke des Stoffs übertragen. Die gestrichelten Positionierungslinien dienen der Anordnung des Motivs im Fadenlauf.

Den Stoff in den Stickring spannen. Das gesamte Motiv mit Palestrinastich sticken.

Fertigstellung

Das Set ringsherum zunächst 1 cm breit umschlagen, den Einschlag bügeln und einen weiteren Einschlag von 1,5 cm mit Stecknadeln feststecken. Die Ecken im 45-Grad-Winkel falten. Überschüssigen Stoff abschneiden und die Ränder der 45-Grad-Winkel steppen. Den Saum mit der Nähmaschine steppen.

Tischsetmotiv auf 120 % vergrößern

Palestrinastich

Fadenlauf

Plaid

Plaid

Material: 1,50 cm × 150 cm Leinenstramin in gebrochenem Weiß, 3 Stränge DMC-Mattgarn in Weiß, Sticknadel Nr. 24 ohne Spitze, Stickring, großes Lineal, Nähgarn in Weiß, Stecknadeln

Stiche: Kreuzstich

Maße des Stickmotivs: 38 cm hoch × 34 cm breit

Stickanleitung

Die Motivmitte liegt jeweils 50 cm von den Stoffkanten entfernt. Stecken Sie an diese Stelle eine Stecknadel. Von dieser Motivmitte ausgehend, beginnen Sie zu sticken. Jeder Kreuzstich erstreckt sich in der Höhe und Breite über 3 Gewebefäden.

Fertigstellung

20 cm neben der Stoffkante steppen Sie mit der Nähmaschine entlang eines Gewebefadens des Leinenstramins um alle vier Seiten des Quadrats. Diese Steppnaht fixiert die Ränder des Plaids. Gewebefäden mithilfe einer Nadel ausziehen, um einen Durchbruch zu bilden.

■ Weiß ✕ Motivmitte

Kopfkissen

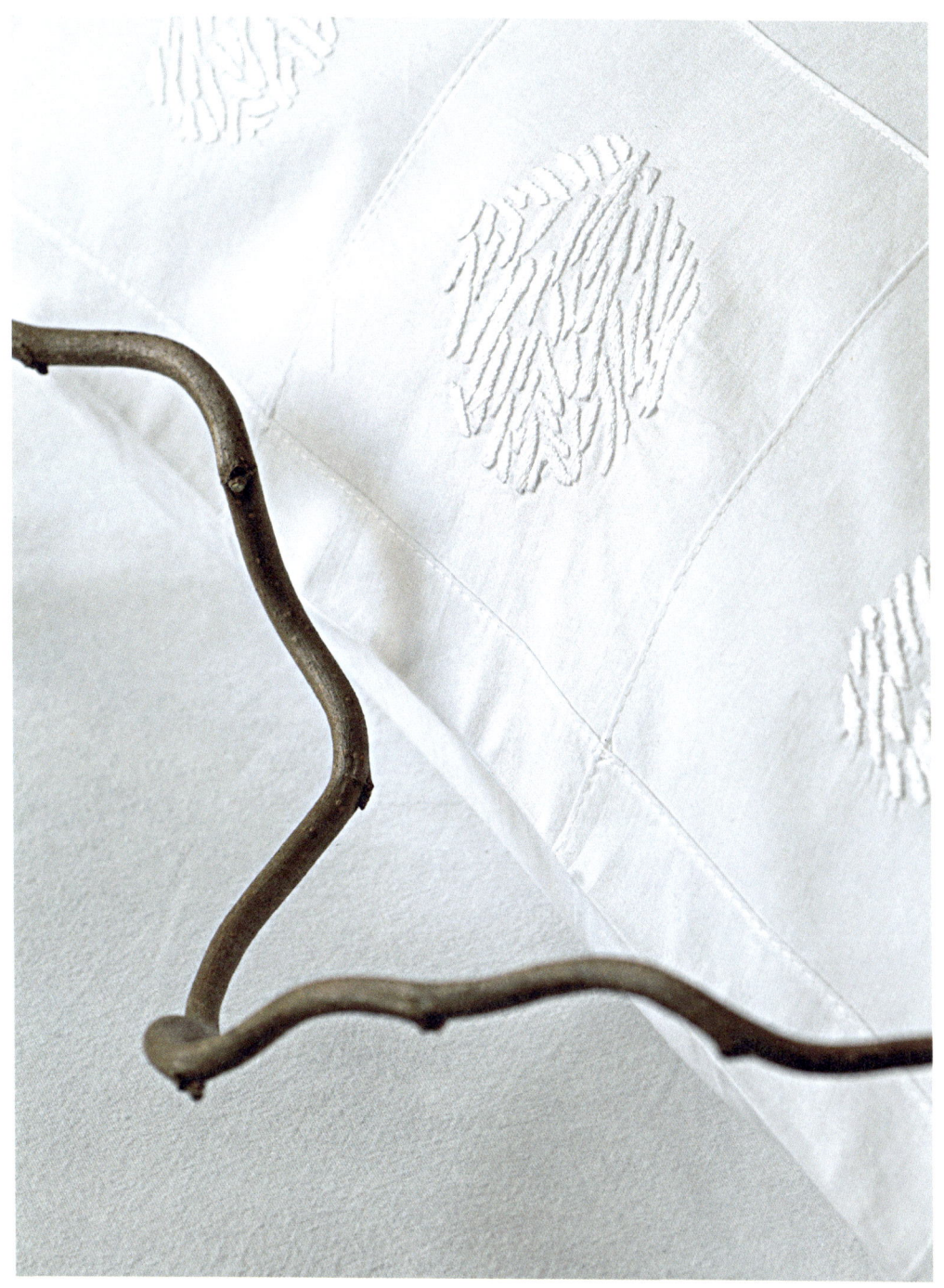

Kopfkissen

Material: 1 Kopfkissenbezug aus Baumwolle in Weiß mit Ziersteppnähten, 2 Stränge DMC-Sticktwist in Weiß, Sticknadel Nr. 9, Stickring, Stecknadeln

Stiche: Plattstich

Maße des Stickmotivs: ca. 7 cm × 30 cm

Stickanleitung

Die Kreismotive auf Transparentpapier übertragen und einzeln ausschneiden. Die Dessins zwischen die beiden Stofflagen des Kissenbezugs legen. Je ein Motiv mittig in ein umstepptes Quadrat setzen. Stoff und Papier zusammenstecken und dann die Dessins mit Bleistift auf den Bezug zeichnen.

Den geschlossenen Reifen des Stickrings zwischen die beiden Stofflagen des Kissenbezugs schieben und den Stoff einspannen. Die Motive mit zwei Teilfäden Sticktwist mit Plattstich sticken. Den Arbeitsfaden nach jedem Motiv abschneiden, damit sich zwischen den Motiven keine Spannfäden bilden.

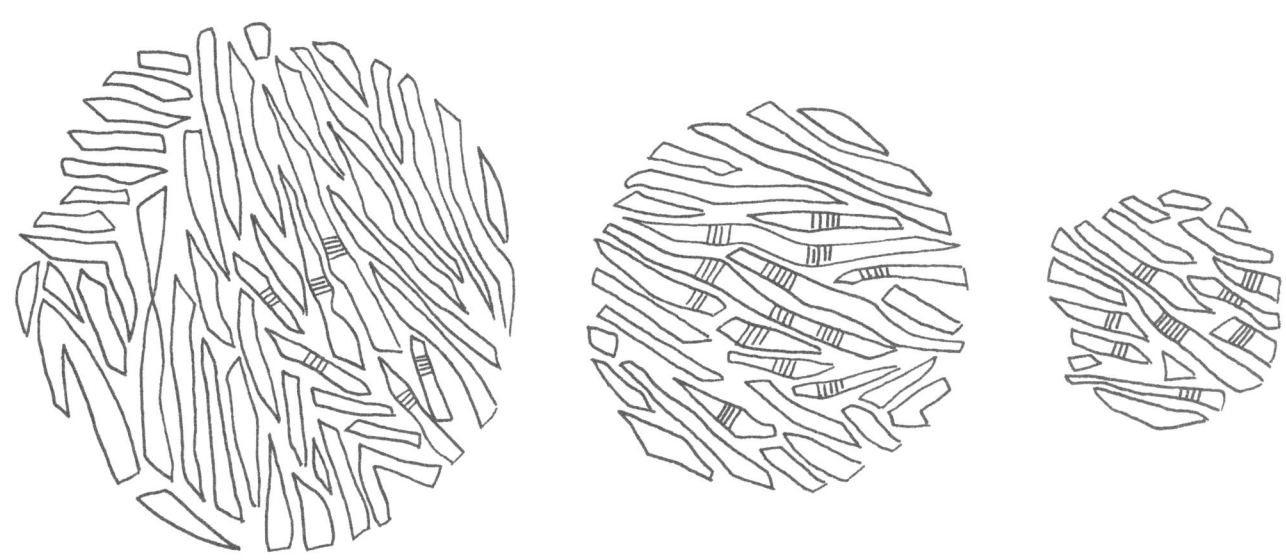

 Plattstich

Kissenmotive in Originalgröße

Hamam-Badetuch

Hamam-Badetuch

Material: 75 cm × 150 cm Leinen in Weiß, 6 Stränge DMC-Vierfachgarn Nr. 20 in Weiß, Sticknadel Nr. 9, Reihgarn und Nähnadel, großes Lineal, Stickring, Stecknadeln

Stiche: unterlegter Plattstich, Stielstich

Maße des Stickmotivs: ca. 15 cm hoch × 18 cm breit

Stickanleitung

Wie in der Anleitung zur direkten Übertragung auf Seite 135 beschrieben, das Motiv 40 cm oberhalb der unteren Stoffkante auf den Stoff übertragen.

Den Stoff in den Stickring spannen. Mit Vierfachgarn die Kontur der zu füllenden Motive mit Vorstichen nachsticken. Anschließend im zweiten Arbeitsgang die Reliefs sticken. Um ein plastisches Relief zu erhalten, drei bis vier Lagen Schrägstiche sticken. Die Konturen der Motive, die nicht ausgefüllt werden, mit Stielstich sticken.

Im dritten und letzten Arbeitsgang des unterlegten Plattstiches übersticken Sie das Relief des ersten und zweiten Arbeitsgangs mit eng gesetzten Plattstichen.

Fertigstellung

Das Badetuch ringsherum zunächst 1 cm breit umschlagen, den Einschlag bügeln und nochmals 1,5 cm umschlagen. Feststecken, heften und mit der Nähmaschine steppen.

 Unterlegter Plattstich

 Stielstich

Badetuchmotiv in Originalgröße

Tee-Tischdecke

Tee-Tischdecke

Material: 150 cm × 150 cm Organdy in Weiß, 7 Stränge DMC-Sticktwist in Weiß, Stickring, Sticknadel Nr. 7 und Nr. 9, Nähgarn in Weiß, Stecknadeln

Stiche: Schattenstich, Knötchenstich, Stielstich, einfacher Hohlsaum

Maße des Stickmotivs: ca. 32 cm × 32 cm

Stickanleitung

Wie in der Anleitung zur direkten Übertragung auf Seite 135 beschrieben, das Motiv mittig auf die linke Stoffseite übertragen.

Mit zwei Teilfäden Sticktwist und Nadel Nr. 9 sticken. Den Stoff in den Stickring spannen. Zunächst alle Blütenblätter der Margeriten auf der linken Stoffseite mit Schattenstich füllen.

Danach die Arbeit wenden und auf der rechten Seite weiterhin mit zwei Teilfäden die Schleife und das Band mit Stielstich sticken.

Zum Schluss die Blütenknoten der Margeriten mit vier Teilfäden Sticktwist und Sticknadel Nr. 7 mit Knötchenstich sticken.

Fertigstellung

Die Decke ringsherum 1 cm umschlagen, den Einschlag bügeln und nochmals 15 cm umschlagen und mit Stecknadeln feststecken. Die Ecken im 45-Grad-Winkel falten. Überschüssigen Stoff abschneiden und die Ränder der 45-Grad-Winkel steppen. Den Saum mit Nähgarn mit einfachem Hohlsaumstich sticken.

 Schattenstich    Knötchenstich    Stielstich

Motiv der Tee-Tischdecke in Originalgröße

Schattenstich   Knötchenstich   Stielstich

Motiv der Tee-Tischdecke in Originalgröße

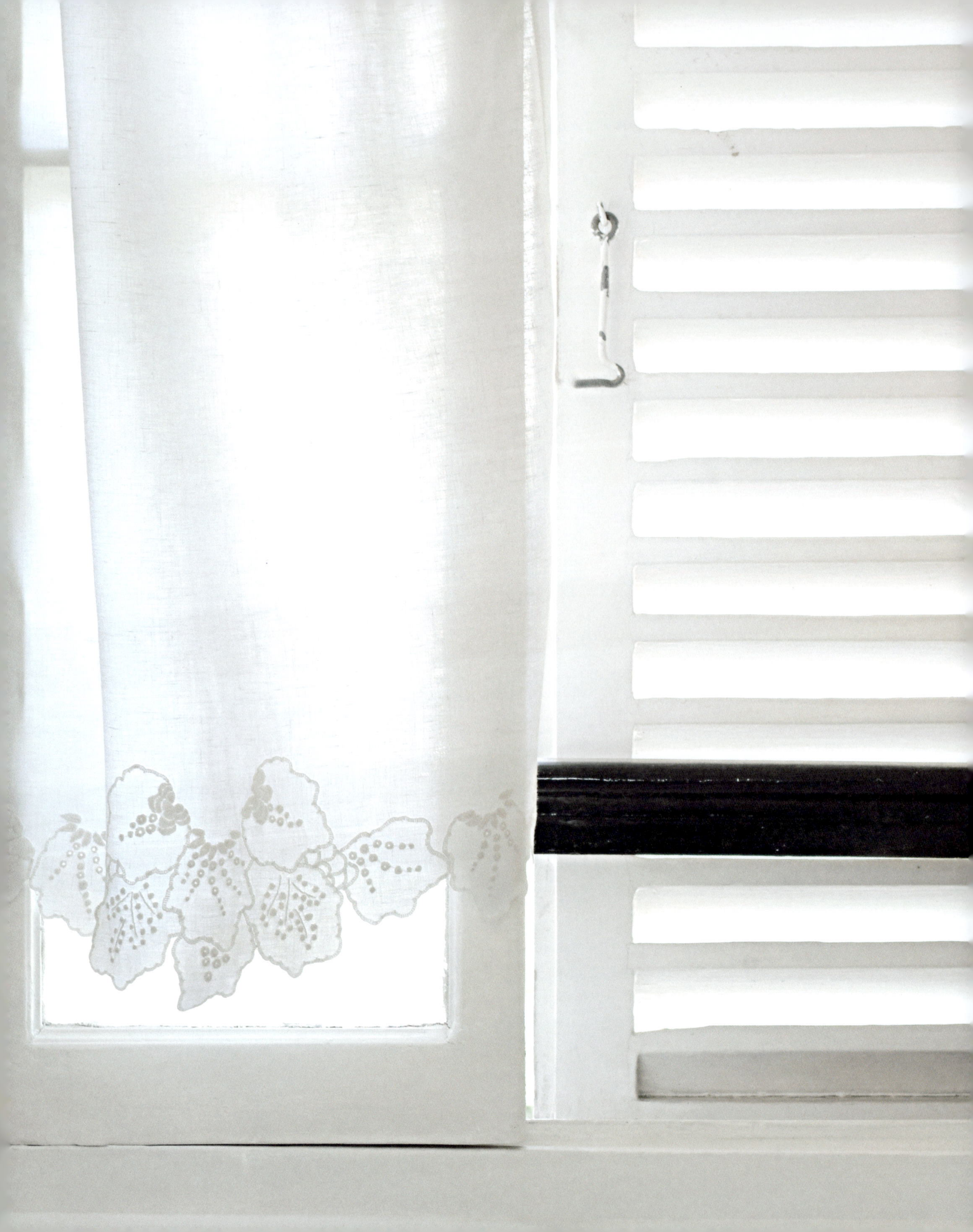

Store

Store

Material: 100 cm × 150 cm Leinen in Weiß, 6 Stränge DMC-Vierfachgarn Nr. 20 in Weiß, 1 Strang DMC-Sticktwist in Weiß, Sticknadel Nr. 9, Stickschere, Reihgarn, Nähnadel, großes Lineal, Stickring, Stecknadeln

Stiche: Languettenstich, Stielstich, Lochstickerei, unterlegter Plattstich, Plattstich, einfacher Hohlsaum

Maße des Stickmotivs: ca. 15 cm hoch × 64 cm breit

Stickanleitung

Wie in der Anleitung zum Übertragen mit Transparentpapier und Schneiderkopierpapier auf Seite 135 beschrieben, das Motiv übertragen und dabei die gestrichelten Positionierungslinien für Fadenlauf und Motivmitte sorgfältig einzeichnen. Das Motiv 10 cm oberhalb der unteren Stoffkante auf die linke Stoffhälfte übertragen. Das Transparent-

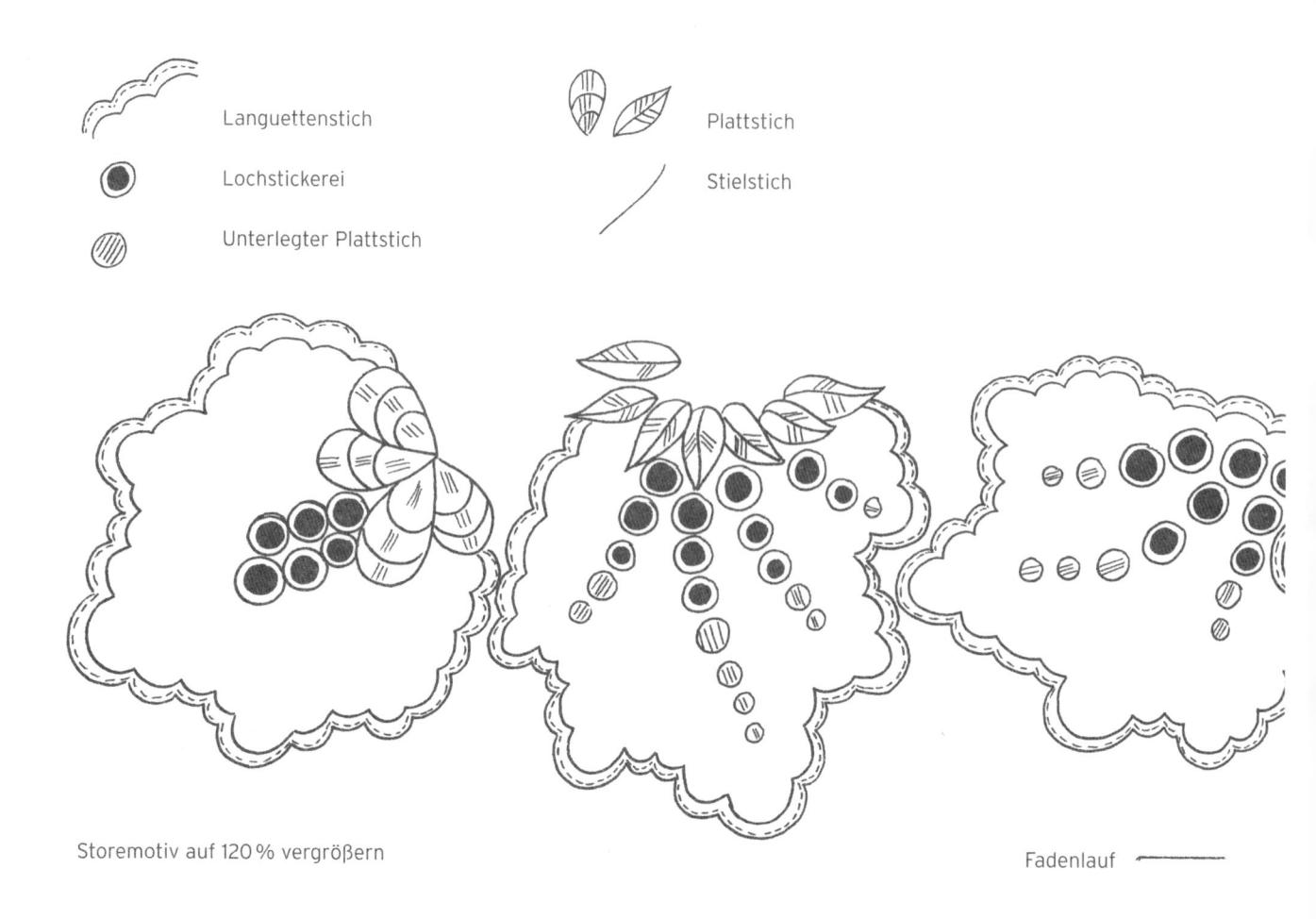

Languettenstich
Lochstickerei
Unterlegter Plattstich

Plattstich
Stielstich

Storemotiv auf 120 % vergrößern

Fadenlauf

papier umklappen und dabei die gestrichelten Positionierungslinien beachten. Die rechte Motivhälfte an die linke setzen. Den Stoff in den Stickring spannen. Mit dem Vierfachgarn den ersten Arbeitsgang der Lochstickerei auf die Kontur der auszuschneidenden Motive sticken. Dann die großen Blattmotive mit Languettenstich umsticken, die kleinen Blatt- und Muschelformen mit Plattstich und die Stiele mit Stielstich sticken. Die Kreisflächen mit Schrägstichen füllen. Zum Schluss die Schrägstiche mit Plattstichen übersticken und die in Lochstickerei umstickten Motive ausschneiden. Ist die Bordüre fertig, den Stoff möglichst knappkantig dem Languettenstich entlang fein säuberlich wegschneiden.

Fertigstellung

Den Store an den Seiten 1 cm umschlagen, den Einschlag bügeln und nochmals 2 cm breit umschlagen. Mit Stecknadeln feststecken und heften. An jedem Saum zwei Gewebefäden aus dem Stoff ziehen und mit 1 Teilfaden Sticktwist mit einfachem Hohlsaumstich am Saum entlang sticken. Den oberen Rand entsprechend Ihrer Gardinenstange gestalten.

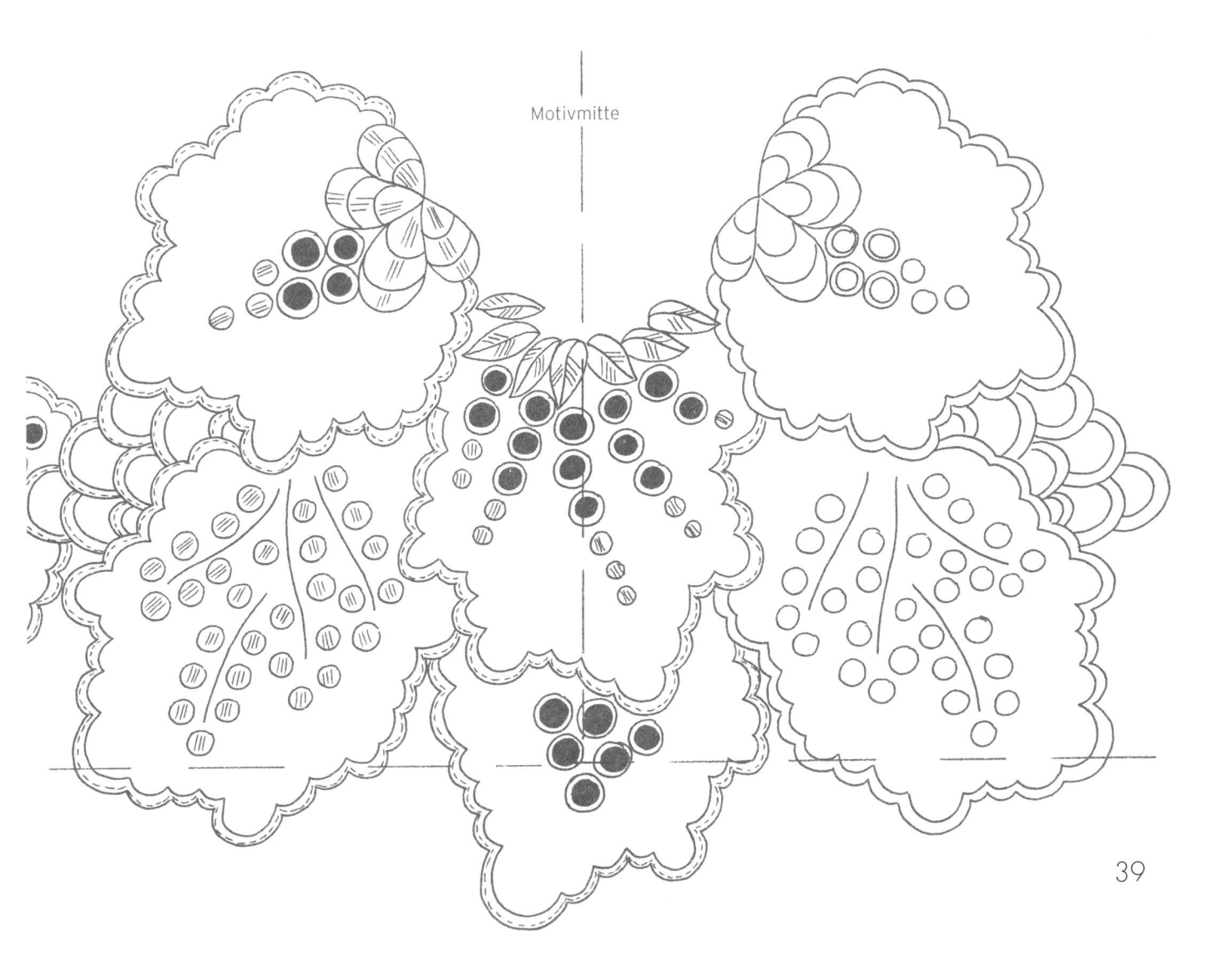

Motivmitte

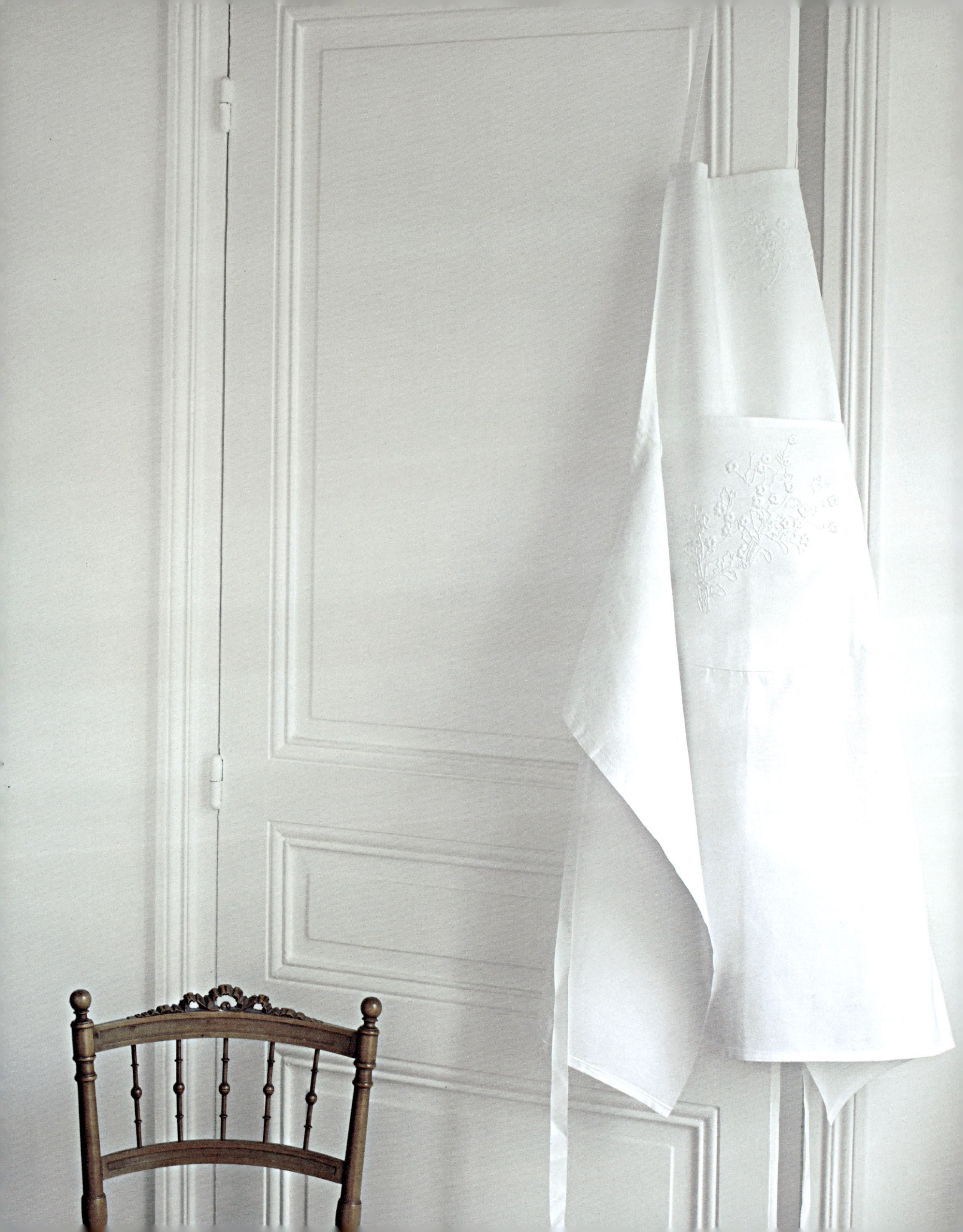

Schürze

Schürze

Material: 1 Baumwollschürze in Weiß, 2 Stränge DMC-Perlgarn Nr. 5 in Weiß, Sticknadel Nr. 5, Stickring, Stecknadeln

Stiche: Plattstich, Steppstich

Maße des Stickmotivs: ca. 20 cm × 27 cm

Schürzenlatzmotiv in Originalgröße

Plattstich

Steppstich

Taschenmotiv in Originalgröße

Stickanleitung

Wie in der Anleitung zum Übertragen mit Transparentpapier und Schneiderkopierpapier auf Seite 135 beschrieben, das Taschenmotiv 2 cm unterhalb der Taschenoberkante auf die Schürzentasche übertragen. In der gleichen Weise das Latzmotiv 4 cm unterhalb der Schürzenkante oben rechts auf den Latz übertragen.

Die Tasche in den Stickring spannen. Zunächst die Blumen mit Plattstich füllen. Dann die Stiele und Blätter mit Steppstich sticken. Das Latzmotiv oben rechts genauso sticken.

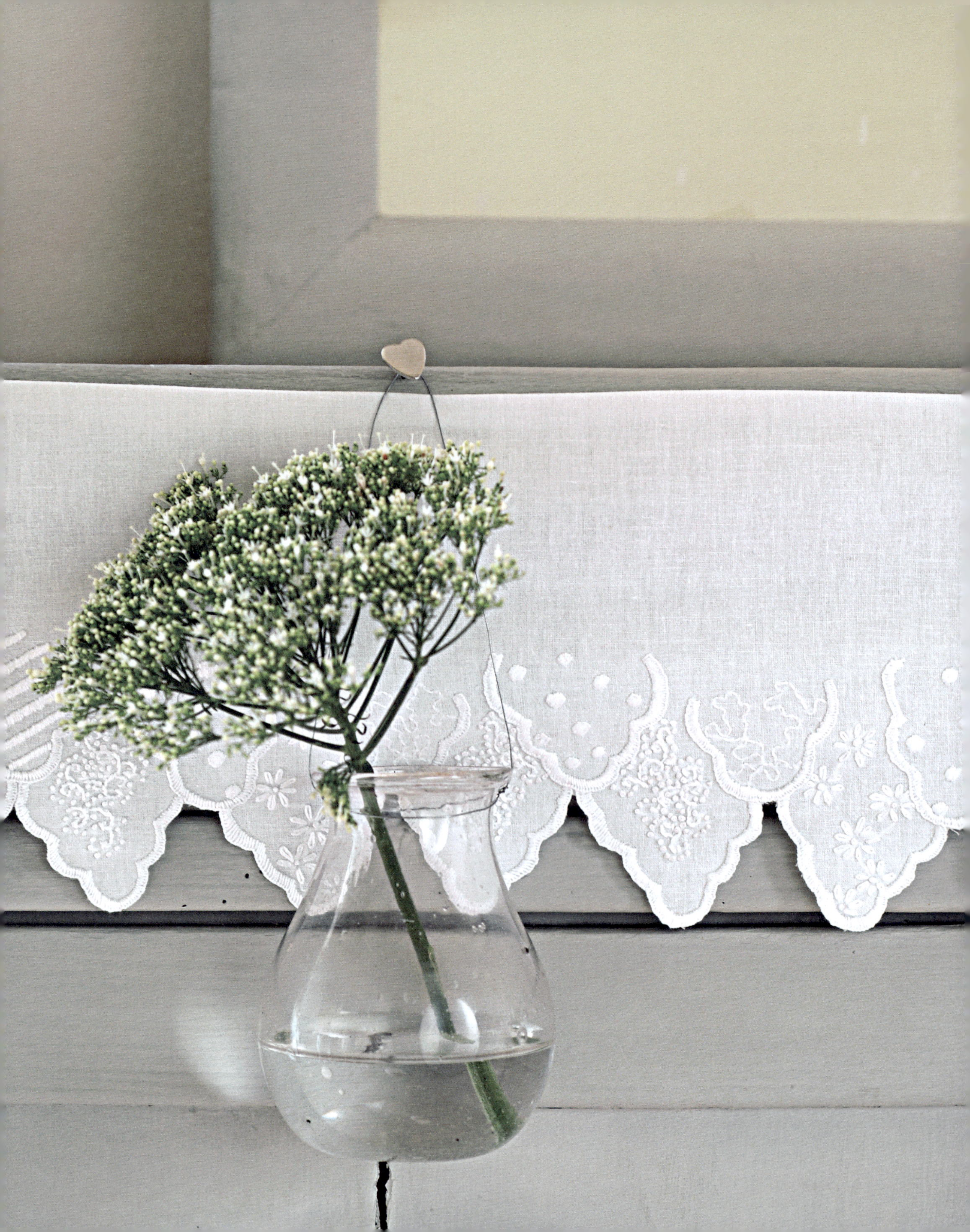

Regalborte

Regalborte

Material: 100 cm × 40 cm Baumwolltuch in Weiß, 8 Stränge DMC-Vierfachgarn Nr. 20 in Weiß, Sticknadel Nr. 9, Stickschere, Stickring, großes Lineal, Nähgarn in Weiß, Stecknadeln

Stiche: Languettenstich, Steppstich, Schlingenstich, Plattstich, Knötchenstich, Stielstich

Maße des Stickmotivs: ca. 15 cm hoch × 60 cm breit

Stickanleitung

Wie in der Anleitung zum Übertragen mit Transparentpapier und Schneiderkopierpapier auf Seite 135 beschrieben, das Motiv übertragen und dabei die gestrichelten Positionierungslinien für Fadenlauf und Motivmitte sorgfältig einzeichnen. Das Motiv 10 cm oberhalb der unteren Stoffkante auf die linke Stoffhälfte übertragen. Das Transparentpapier umklappen und dabei auf die gestrichelten Positionierungslinien achten. Die rechte Motivhälfte an die linke setzen.

Bortenmotiv in Originalgröße

Den Stoff in den Stickring spannen. Zunächst die Details innerhalb der Muscheln sticken. Die Stichverwendung entnehmen Sie der unten abgebildeten Zeichnung. Nach Fertigstellung dieser Motive die Muscheln mit Languettenstich umsticken. Zum Schluss den Stoff möglichst knappkantig dem Languettenstich entlang fein säuberlich wegschneiden.

Fertigstellung

Überschüssigen Stoff an den Seiten abschneiden. Die Seiten 1 cm breit umschlagen, den Einschlag bügeln und nochmals 2 cm breit umschlagen. Feststecken, heften und mit der Nähmaschine steppen.

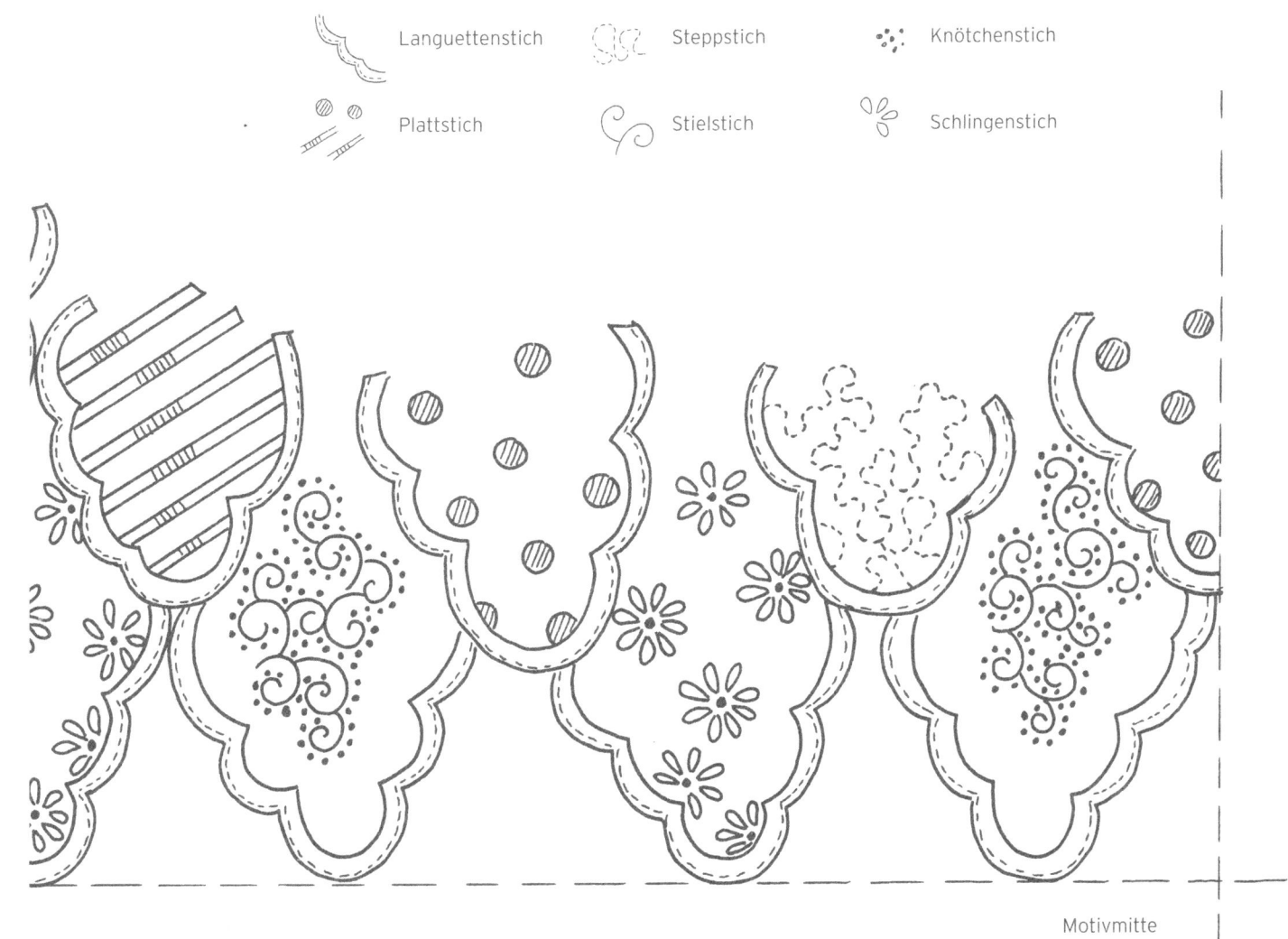

- Languettenstich
- Steppstich
- Knötchenstich
- Plattstich
- Stielstich
- Schlingenstich

Motivmitte

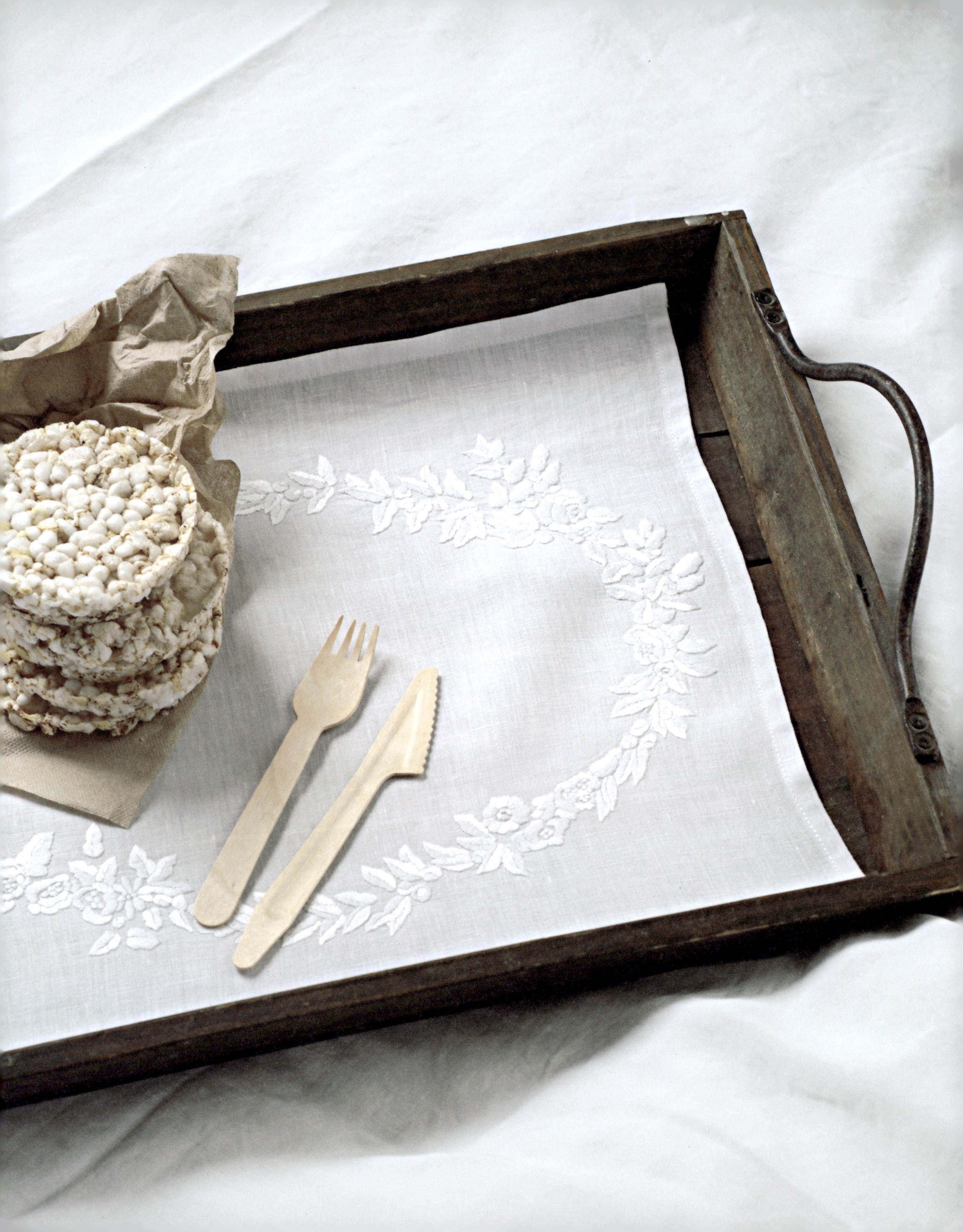

Tablettdeckchen

Material: 40 cm × 54 cm Leinen in Weiß, 8 Stränge DMC-Sticktwist in Weiß, Sticknadel Nr. 9, Stickring, Stecknadeln, Nähgarn in Weiß

Stiche: Plattstich

Maße des Stickmotivs: ca. 24 cm hoch × 38 cm breit

Stickanleitung

Wie in der Anleitung zur direkten Übertragung auf Seite 135 beschrieben, das Motiv mittig auf den Stoff übertragen.

Den Stoff in den Stickring spannen. Mit 2 Teilfäden Sticktwist mit Plattstich entsprechend der in der Zeichnung angegebenen Stichrichtung sticken. Die einzelnen Motivelemente nach und nach unter Versetzen des Stickrings sticken.

Fertigstellung

Ringsherum die Kante zunächst 0,5 cm breit umschlagen, den Einschlag bügeln und einen weiteren Zentimeter einschlagen. Die Ecken im 90-Grad-Winkel falten. Den Saum mit der Nähmaschine steppen.

Plattstich

Motiv auf 125 % vergrößern

51

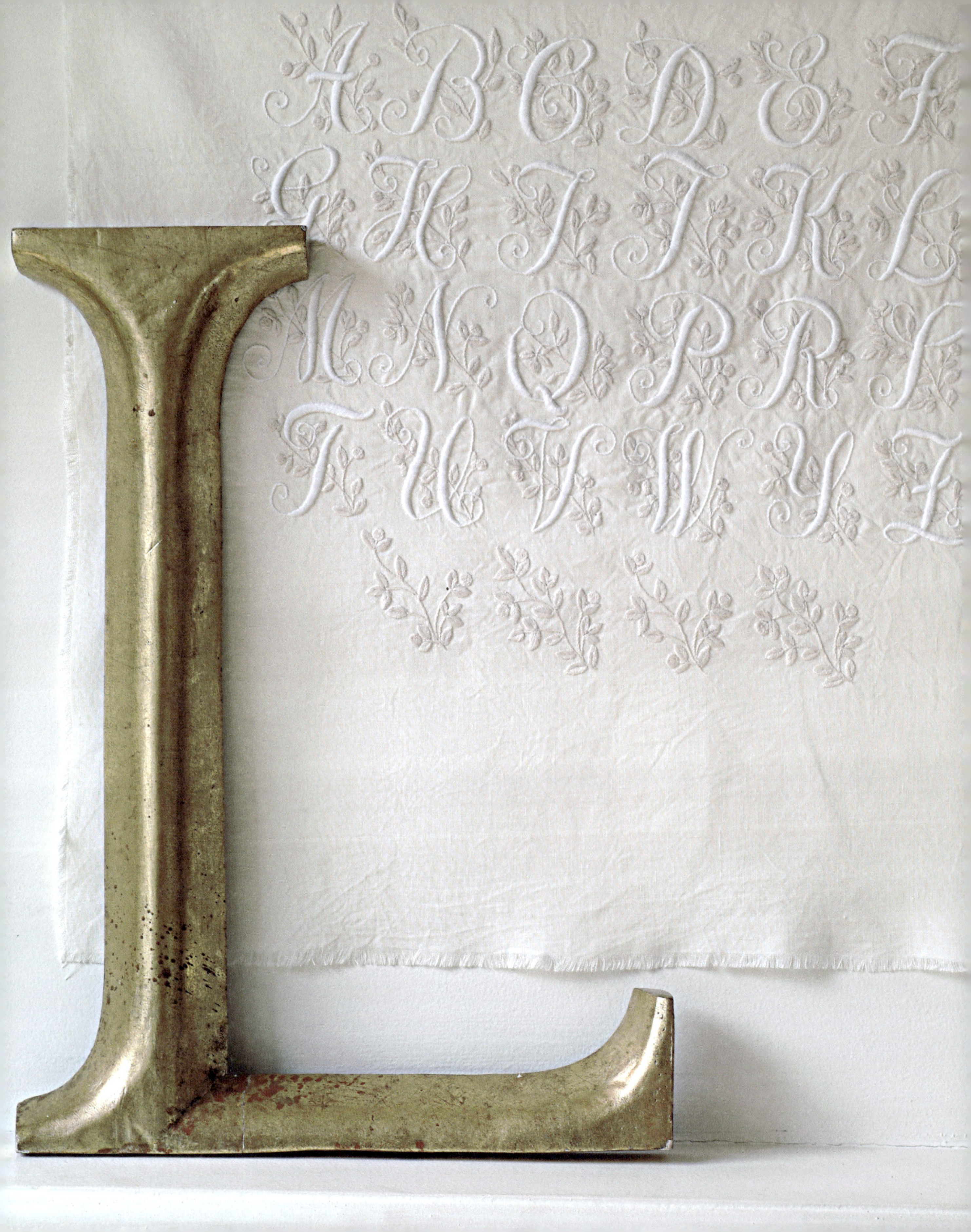

»L« wie Lettern

»L« wie Lettern

Material: 45 cm × 65 cm Leinen in Elfenbein, 8 Stränge DMC-Vierfachgarn Nr. 20 in Weiß, 6 Stränge DMC-Sticktwist in Ecru, Sticknadel Nr. 9, Stickring, Stecknadeln

Stiche: unterlegter Plattstich, Stielstich, Blattstich, Plattstich

Maße des Stickmotivs: ca. 30 cm hoch × 35 cm breit

Stickanleitung

Wie in der Anleitung zur direkten Übertragung auf Seite 135 beschrieben, das Motiv mittig auf den Stoff übertragen.

Den Stoff in den Stickring spannen. Zunächst mit weißem Vierfachgarn die Buchstaben mit unterlegtem Plattstich Arbeitsgang für Arbeitsgang sticken: Im ersten Arbeitsgang sämtliche Buchstaben mit Vorstich umranden. Dann im zweiten Arbeitsgang zwei Lagen Schrägstiche sticken, um ein schönes Volumen zu erzielen. Zum Schluss die Buchstaben mit Plattstich übersticken. In diesem letzten Arbeitsgang den Arbeitsfaden häufig neu ansetzen, damit er stets seine Zwirnung behält.

Sind alle Buchstaben gestickt, das Laubwerk mit 2 Teilfäden ecrufarbenem Sticktwist sticken. Zunächst die Blätter mit Blattstich, dann die Beeren mit Plattstich und schließlich die Stiele mit Stielstich sticken. Den Faden zwischen den Buchstaben abschneiden, um flottierende Fäden zu vermeiden.

Buchstaben in Originalgröße

Abc in Originalgröße

56

Unterlegter Plattstich

Plattstich

Blattstich

Stielstich

57

Lampenschirm

Lampenschirm

Material: 20 cm × 67 cm Leinen in Weiß, 1 Strang DMC-Vierfachgarn Nr. 16 in Weiß, 1 Strang DMC-Sticktwist in Weiß, 1 Lampenschirmgehäuse von 14 cm Höhe, Sticknadel Nr. 9 und Nr. 7, Stickring, Stecknadeln, doppelseitiges Klebeband, weißes Textilklebeband für Lampenschirme, Nähgarn in Weiß

Stiche: Spinnenstich, Stielstich

Maße des Stickmotivs: ca. 10 cm hoch × 23 cm breit

Stickanleitung

Wie in der Anleitung zur direkten Übertragung auf Seite 135 beschrieben, das Motiv mittig auf den Stoff übertragen.

Spinnenstich

Stielstich

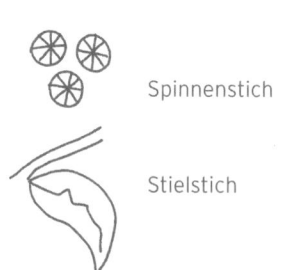

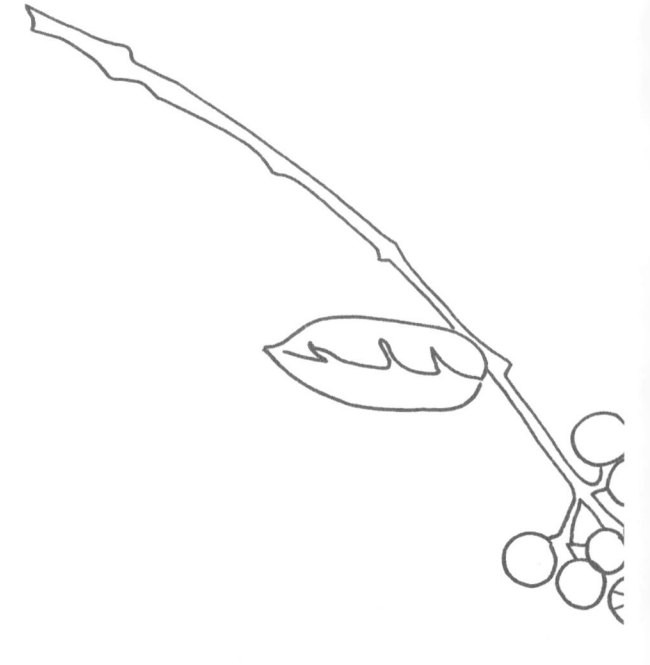

Lampenschirmmotiv in Originalgröße

Spannen Sie den Stoff in den Stickring. Das Vierfachgarn in die Sticknadel Nr. 7 einfädeln und die Beerenmotive mit Spinnenstich sticken. Motiv für Motiv sticken und den Arbeitsfaden zwischen den Motiven abschneiden, um flottierende Fäden zu vermeiden.

Zwei Teilfäden Sticktwist in die Sticknadel Nr. 9 einfädeln und die Stiele mit Stielstich sticken. Auch hierbei flottierende Fäden vermeiden.

Fertigstellung

Den Stoff an der schmalen Seite rechts auf rechts doppelt legen und die Naht steppen und danach flach bügeln. Die Arbeit auf rechts wenden und die Stoffröhre über das Lampenschirmgehäuse ziehen. Überschüssigen Stoff oben und unten bis auf einen 1,5 cm breiten Rand abschneiden. Den Stoffüberstand zur Gehäuseinnenseite umschlagen und mit doppelseitigem Klebeband fixieren. Zum Schluss den Umschlag mit Textilklebeband überkleben.

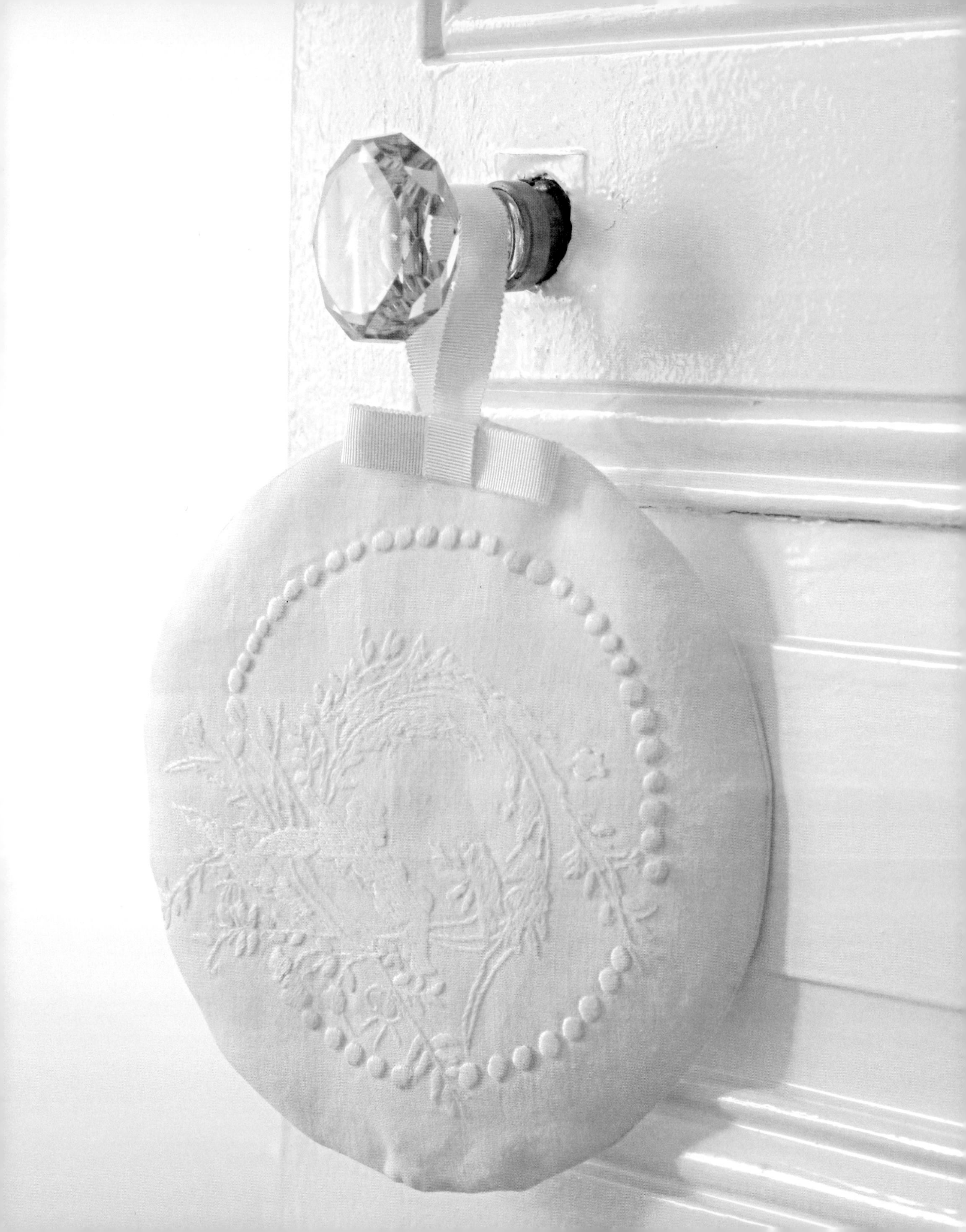

Türkissen

Türkissen

Material: 30 cm × 60 cm Leinen in Weiß, 1 Strang DMC-Sticktwist in Weiß, 2 Stränge DMC-Vierfachgarn Nr. 20 in Weiß, Sticknadel Nr. 7 und Nr. 9, Nähnadel, 30 cm Grosgrain (Rippenband) in Weiß, 1,5 cm breit, 20 cm × 20 cm Molton, Stickring, Zirkel, Nähgarn in Weiß, Stecknadeln

Stiche: unterlegter Plattstich, Plattstich, versetzter Spannstich, Stielstich

Maße des Stickmotivs: ca. 15 cm im Durchmesser

Stickanleitung

Den Stoff in zwei 30 cm × 30 cm große Quadrate schneiden.

Wie in der Anleitung zur direkten Übertragung auf Seite 135 beschrieben, das Motiv mittig auf eines der Stoffquadrate übertragen.

Das Stoffquadrat in den Stickring spannen. Mit 2 Teilfäden Sticktwist und Sticknadel Nr. 9 die Motive mit versetztem Spannstich füllen und mit Plattstich die Details sticken. Danach die Zweige mit Stielstich sticken.

Nach Fertigstellung des Mittenmotivs das Vierfachgarn in die Sticknadel Nr. 7 fädeln und auf der gesamten Stickerei den ersten Arbeitsgang, die Vorstiche, des unterlegten Plattstichs sticken. Anschließend das Relief der Formen mit Schrägstich ausprägen und zum Schluss, im letzten Arbeitsgang, mit Plattstich übersticken. Dabei häufig einen neuen Arbeitsfaden ansetzen, damit er stets seine Zwirnung beibehält.

Fertigstellung

Auf die linke Seite des bestickten Stoffquadrats mit dem Zirkel um das mittig gesetzte Motiv einen Kreis von 20 cm Durchmesser zeichnen. Die beiden Quadrate rechts auf rechts zusammenstecken. Über die Kreiskontur eine Naht steppen und unterhalb des Motivs eine 10 cm große Öffnung lassen. Überschüssigen Stoff bis auf 1 cm von der Steppnaht entfernt zurückschneiden und die Naht flach bügeln. Die Arbeit wenden. Eine Moltonscheibe von 19,5 cm Durchmesser zuschneiden und zwischen die beiden Stofflagen schieben. Die Öffnung von Hand mit kleinen Stichen schließen. Das doppelt gelegte Grosgrain-Band sowie eine Schleife aus dem gleichen Material oben an das Türkissen nähen.

- Unterlegter Plattstich
- Plattstich
- Versetzter Spannstich
- Stielstich

Türkissenmotiv in Originalgröße

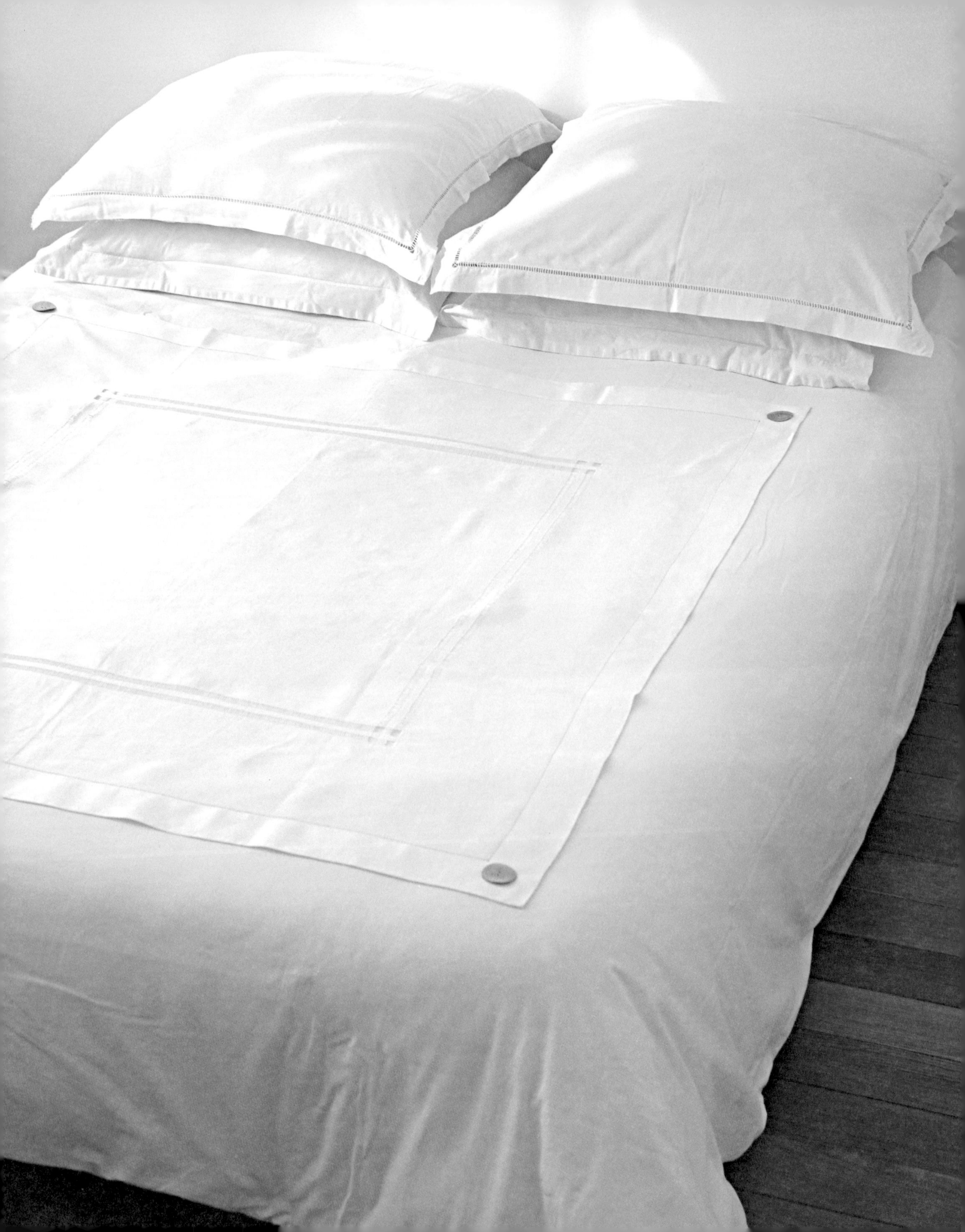

Bettbezug

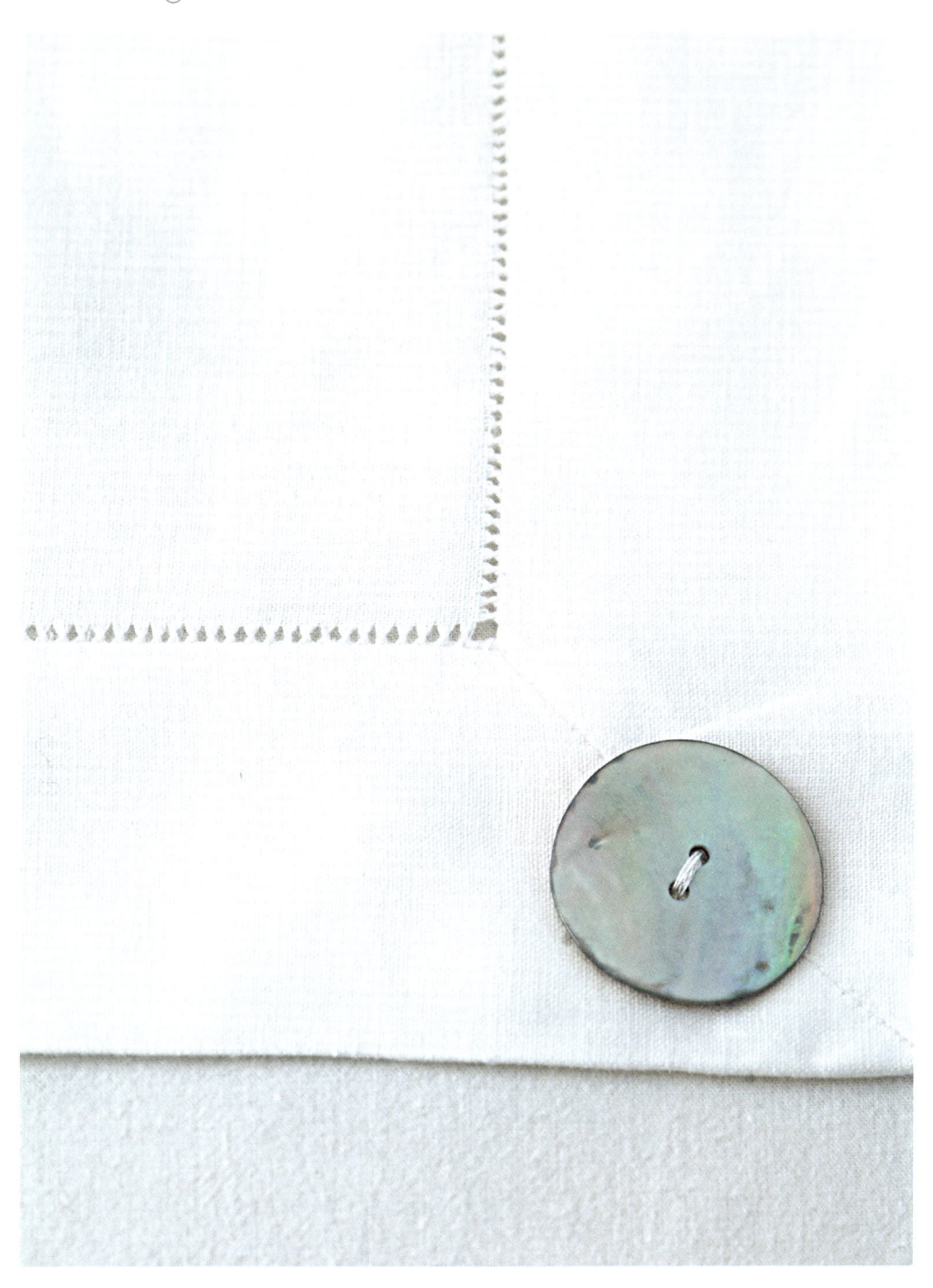

Bettbezug

Material: ca. 140 cm × 140 cm Leinen in Weiß, 1 Bettbezug 240 cm × 200 cm in Weiß, 8 Stränge DMC-Sticktwist in Weiß, Sticknadel Nr. 9, Stickschere, Reihgarn, Nähnadel, Nähgarn in Weiß, 4 Perlmuttknöpfe, großes Lineal, Stecknadeln

Stiche: Languettenstich, einfacher Hohlsaum, Stäbchenhohlsaum

Maße des Stickmotivs: ca. 75 cm × 75 cm

Hohlsaum vorbereiten

Das Leinen zur Ermittlung der Mitte zweimal doppelt legen. Auseinandergefaltet auf den Tisch legen und zur Orientierung an die in der Zeichnung angegebenen Stellen Stecknadeln stecken.

An den Rändern der beiden inneren Quadrate Reihfäden einziehen. Die Gewebefäden an einer äußeren Ecke des Hohlsaums auf 1 cm Höhe durchschneiden. Die Fäden einzeln mit einer Nadel bis zur nächsten Ecke ausziehen und an der nächsten Ecke außen abschneiden.

Die Seiten und Ecken beider Quadrate in dieser Weise vorbereiten. In den Ecken ein 1 cm × 1 cm großes Stoffquadrat ganz belassen; es liegt in einem 3 cm × 3 cm großen Hohlsaumquadrat.

Stickanleitung

Mit 2 Teilfäden Sticktwist mit Languettenstich an einer Ecke des äußeren Quadrats beginnen und dann mit Stäbchenhohlsaum die erste Seite des Hohlsaums sticken. Auf diese Weise die beiden Quadrate sticken, dabei die großen Durchbrüche der Ecken immer mit Languettenstich sticken.

Fertigstellung

Den Stoff ringsherum zunächst 1 cm breit umschlagen, den Einschlag bügeln und einen weiteren Einschlag von 5,5 cm feststecken. Die Ecken im 45-Grad-Winkel falten. Überschüssigen Stoff abschneiden und die Ränder der 45-Grad-Winkel steppen. Den Saum heften. Unmittelbar über dem Saum vier Gewebefäden ausziehen und mit einfachem Hohlsaumstich fixieren.

Das gestickte Quadrat mit je einem Perlmuttknopf pro Ecke auf dem Bettbezug befestigen.

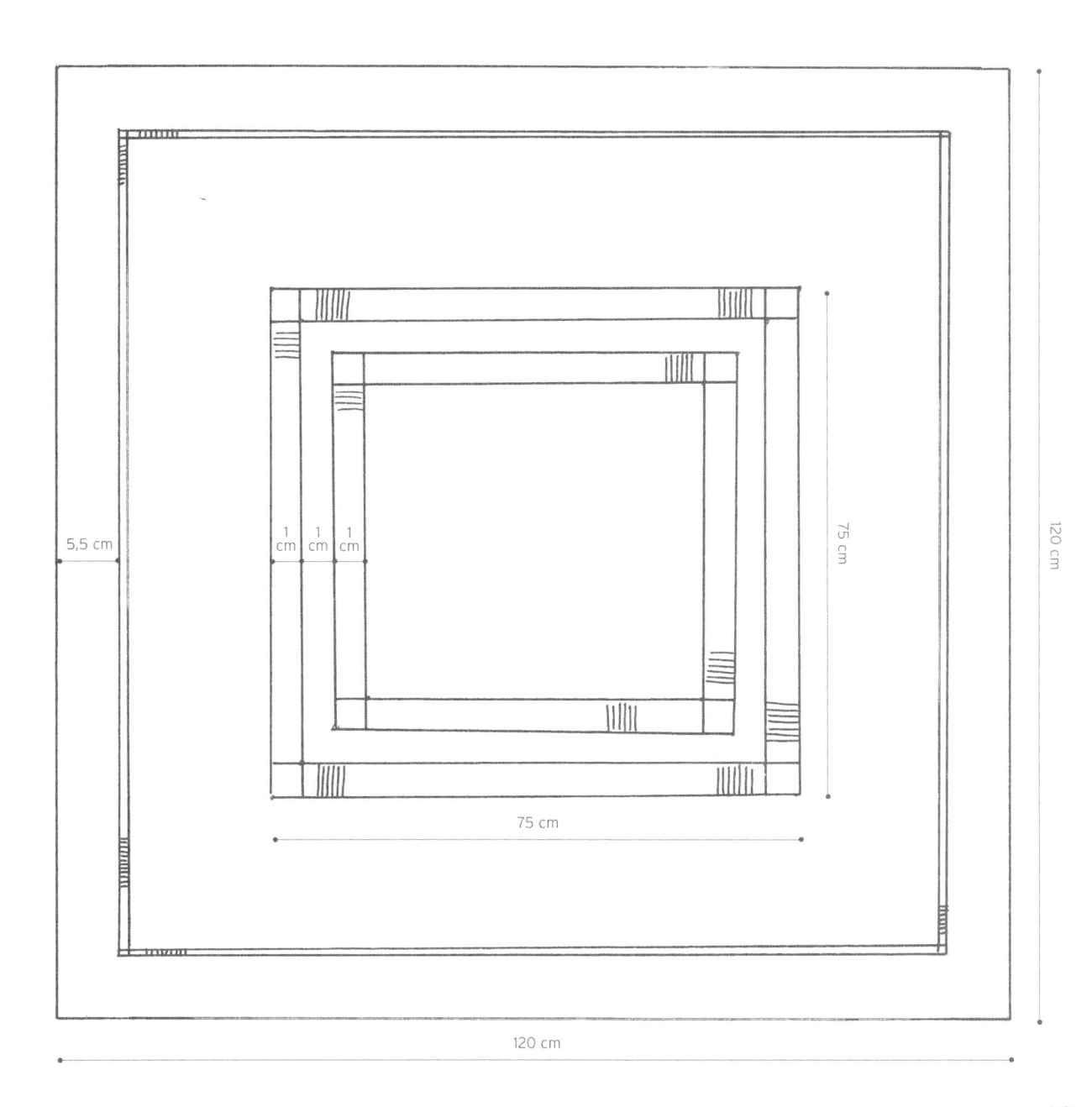

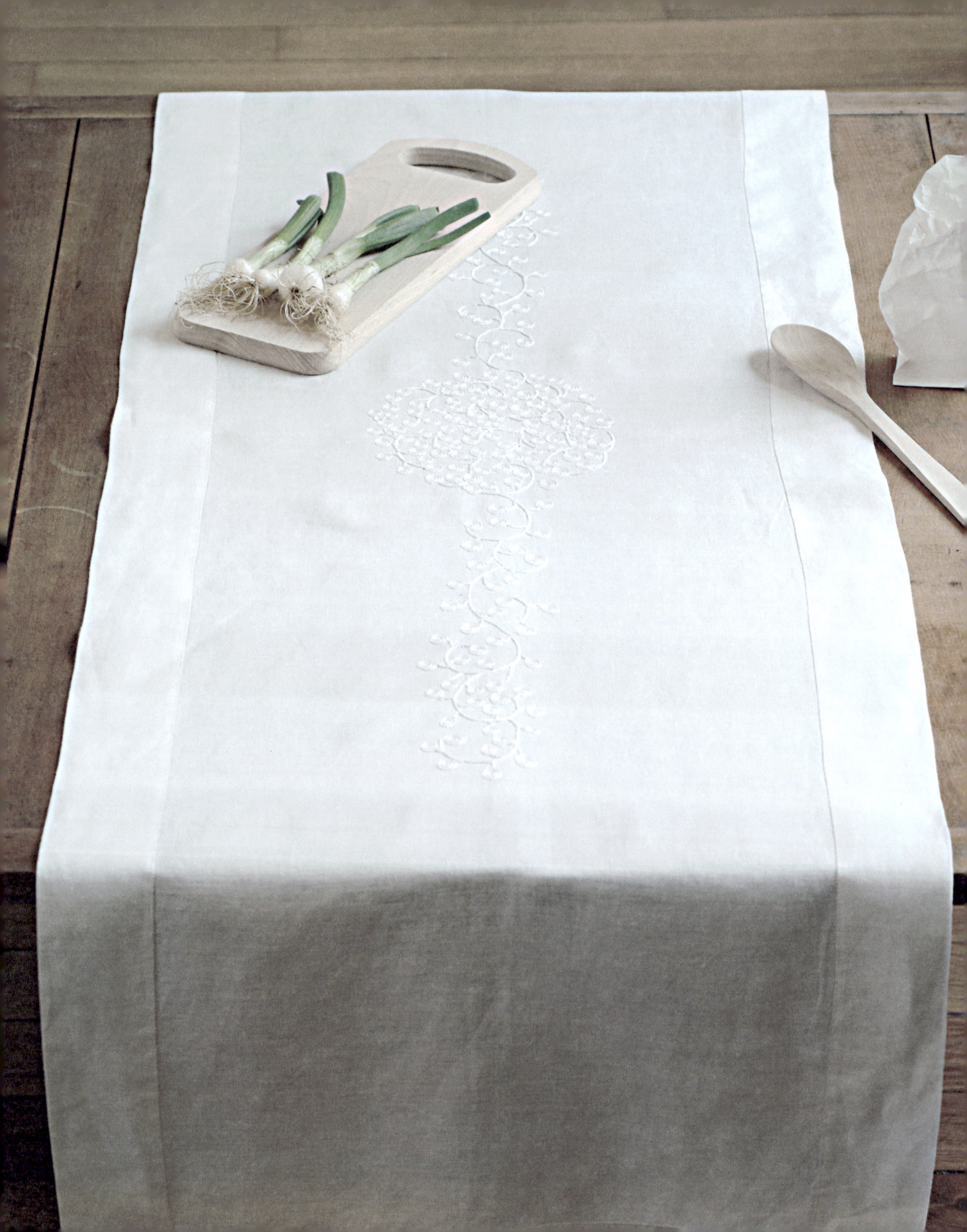

Tischläufer

Tischläufer

Material: 62 cm × 180 cm Leinen in Weiß, 4 Stränge DMC-Sticktwist in Weiß, 2 Stränge DMC-Perlgarn Nr. 5 in Weiß, Sticknadel Nr. 5 und Nr. 9, Stickring, Nähgarn in Weiß, großes Lineal, Stecknadeln

Stiche: Kettenstich, Stielstich

Maße des Stickmotivs: 14 cm hoch × 76 cm breit

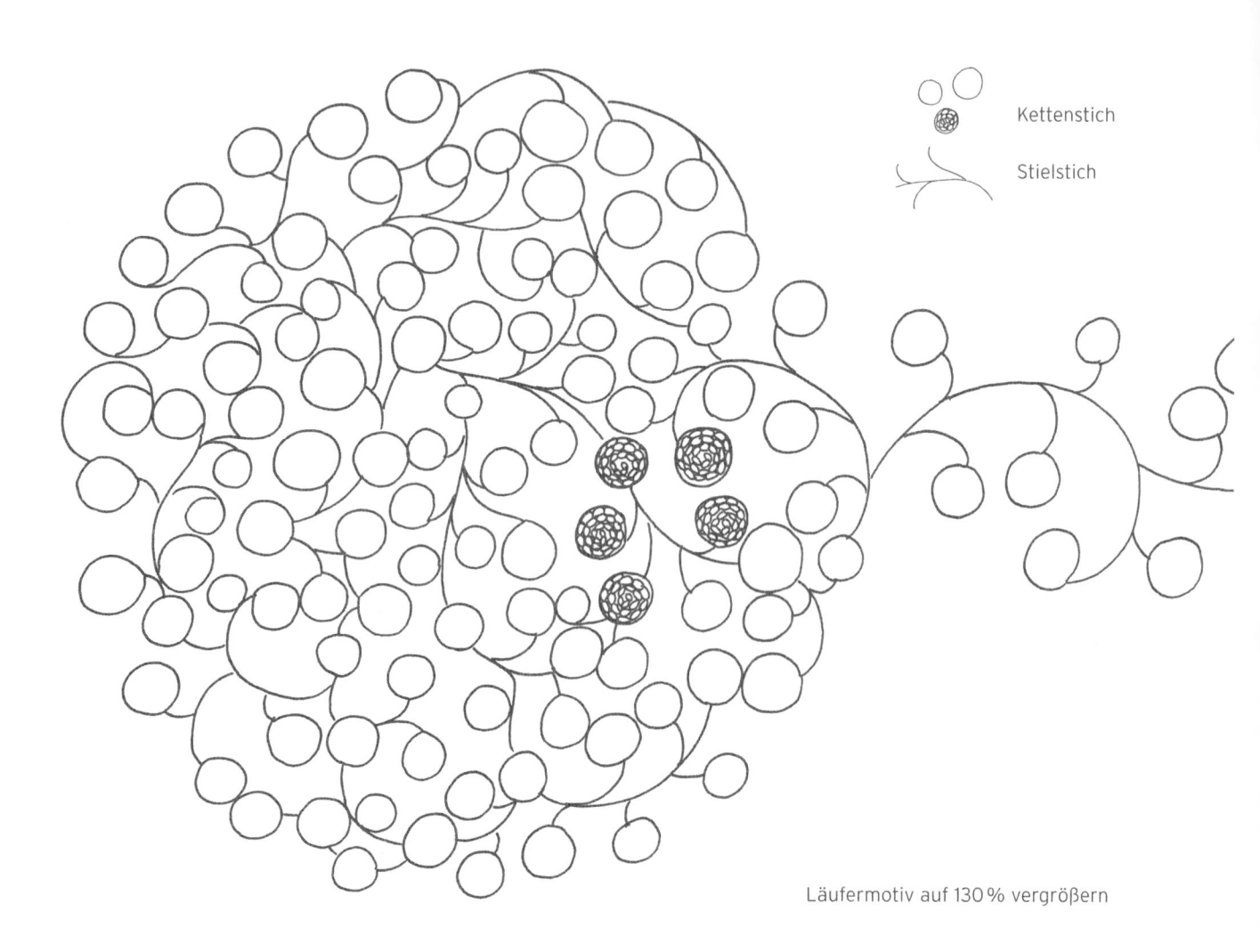

Kettenstich

Stielstich

Läufermotiv auf 130 % vergrößern

Stickanleitung

Wie in der Anleitung zur direkten Übertragung auf Seite 135 beschrieben, das Motiv mit dem Medaillon mittig auf die rechte Stoffseite übertragen. Das Motiv umklappen und dann den linken Teil übertragen.

Den Stoff in den Stickring spannen. Die Kreismotive mit 2 Teilfäden Sticktwist und Nadel Nr. 9 mit Kettenstich sticken. Dabei spiralförmig von der Motivmitte nach außen arbeiten und die Kettenstichreihen dicht an dicht sticken, damit die Kreisflächen vollkommen abgedeckt werden. Motiv für Motiv sticken und den Arbeitsfaden nach jedem Motiv abschneiden, damit sich zwischen den Motiven keine flottierenden Fäden bilden.

Das Perlgarn in die Nadel Nr. 5 einfädeln und die Stiele mit Stielstich sticken. Auch hierbei flottierende Fäden vermeiden.

Fertigstellung

Den Stoff ringsherum zunächst 1 cm breit umschlagen, den Einschlag bügeln und einen weiteren Einschlag von 6 cm feststecken. Die Ecken im 45-Grad-Winkel falten. Überschüssigen Stoff abschneiden und die Ränder der 45-Grad-Winkel steppen. Den Saum mit 1 Teilfaden Sticktwist mit einfachem Hohlsaumstich sticken oder mit der Nähmaschine 0,5 cm von der Kante entfernt feststeppen.

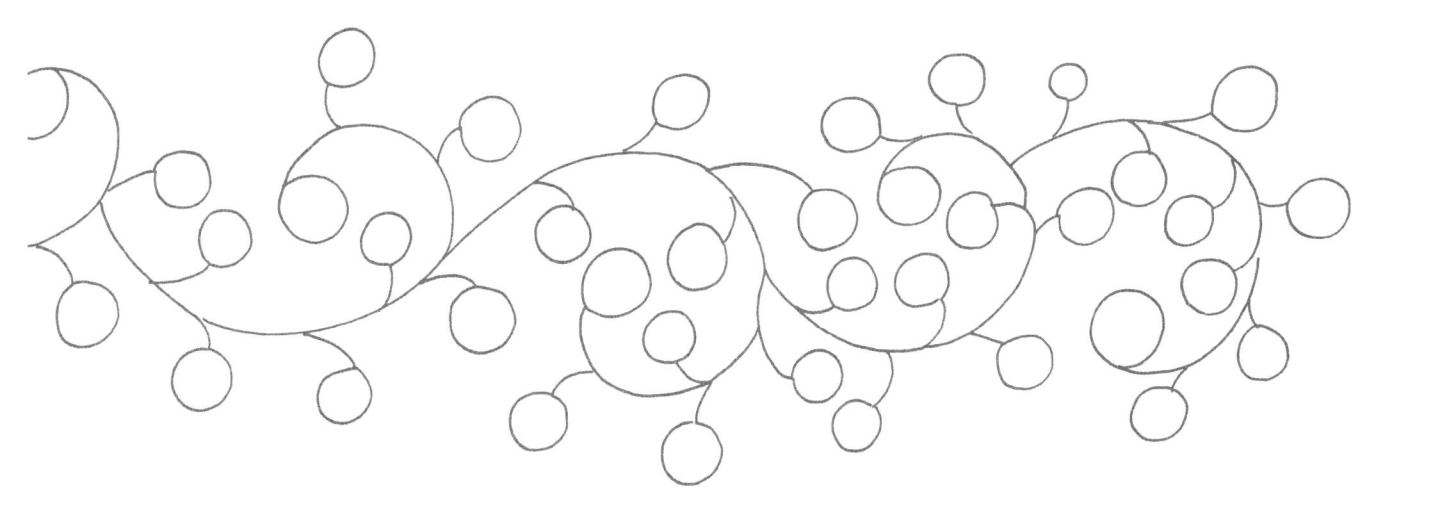

Tipp

Die Motive dieses Buches können Sie frei interpretieren. Beispielsweise wurde das vorliegende Motiv für den Daunenbettbezug (siehe Seiten 110 und 111) auf 200 % vergrößert und statt mit Kettenstich mit Plattstich ausgeführt.

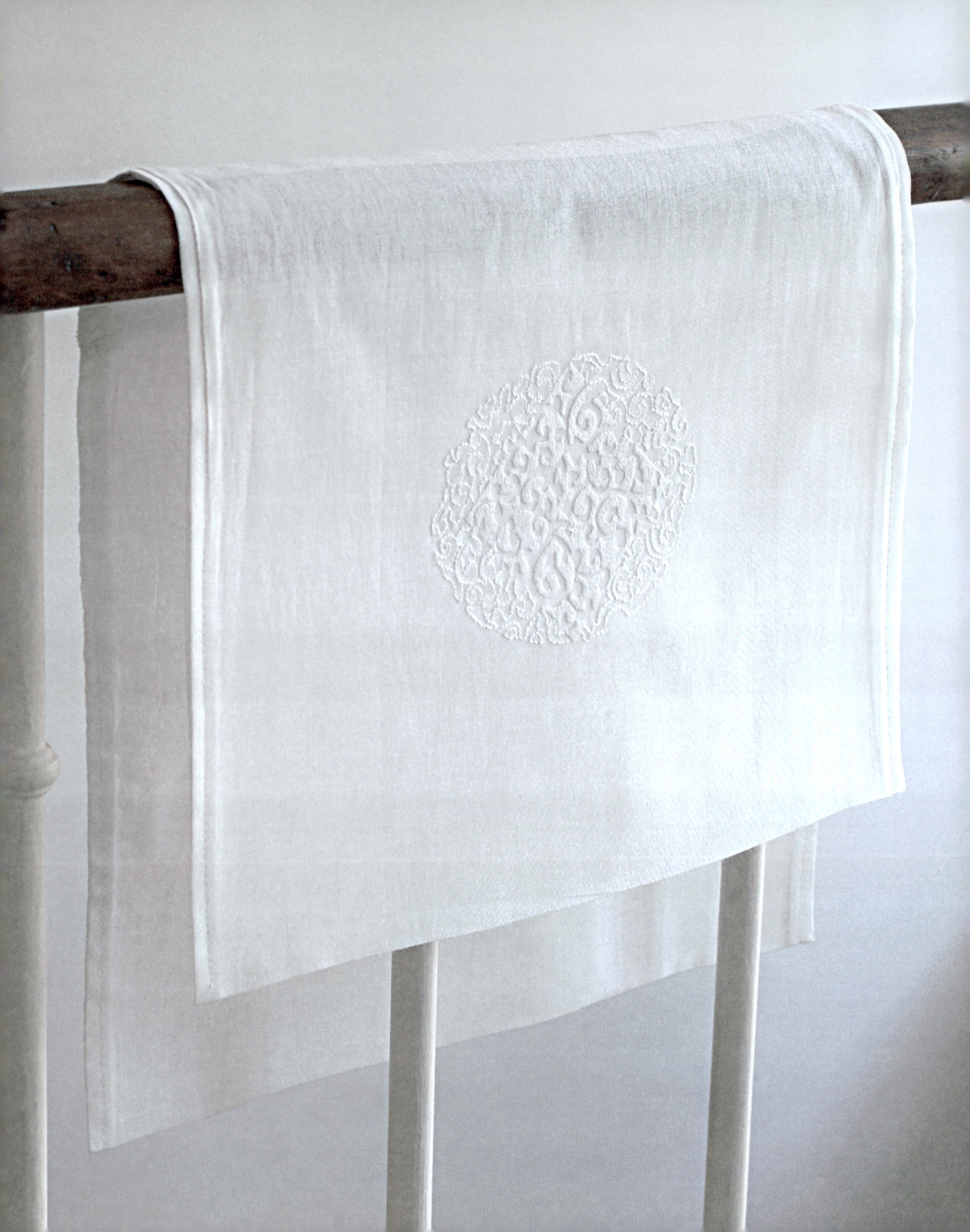

Hülle

Hülle

Material: 36 cm × 130 cm Baumwollvoile in Weiß, 1 Strang DMC-Sticktwist in Weiß, Sticknadel Nr. 9, Nähnadel, Stickring, großes Lineal, Stecknadeln, Reihgarn, Nähgarn in Weiß

Stiche: Versetzter Spannstich, Steppstich

Maße des Stickmotivs: 10 cm × 13 cm

Stickanleitung

Den Stoff an einer Seite 30 cm breit umschlagen. Wie in der Anleitung zur direkten Übertragung auf Seite 135 beschrieben, das Motiv mittig und 13 cm neben dem Bruch auf das große Stoffstück übertragen. Den Stoff wieder auseinanderlegen und in den Stickring spannen. Mit 2 Teilfäden Sticktwist zunächst die Motive sticken, die mit Steppstich gearbeitet werden. Den Arbeitsfaden nach jedem Motivwechsel abschneiden, um flottierende Fäden zu vermeiden. Ebenfalls mit 2 Teilfäden Sticktwist das Mittenmotiv mit vertikal verlaufenden versetzten Spannstichen aussticken.

Fertigstellung

Den Stoff ringsherum 0,5 cm breit umschlagen, den Einschlag bügeln, feststecken und heften. Einen weiteren Zentimeter einschlagen und die Ecken im 90-Grad-Winkel falten. Feststecken und den Saum mit der Nähmaschine steppen. Den Stoff über den Bruch, der sich 13 cm neben dem Motiv befindet, nach innen umschlagen. Ebenso den Teil, der die Tasche bildet, auf 28,5 cm umschlagen. Die Ränder des Umschlags sowie der Tasche von Hand mit kleinen Saumstichen schließen.

Hüllenmotiv in Originalgröße

Versetzter Spannstich

Steppstich

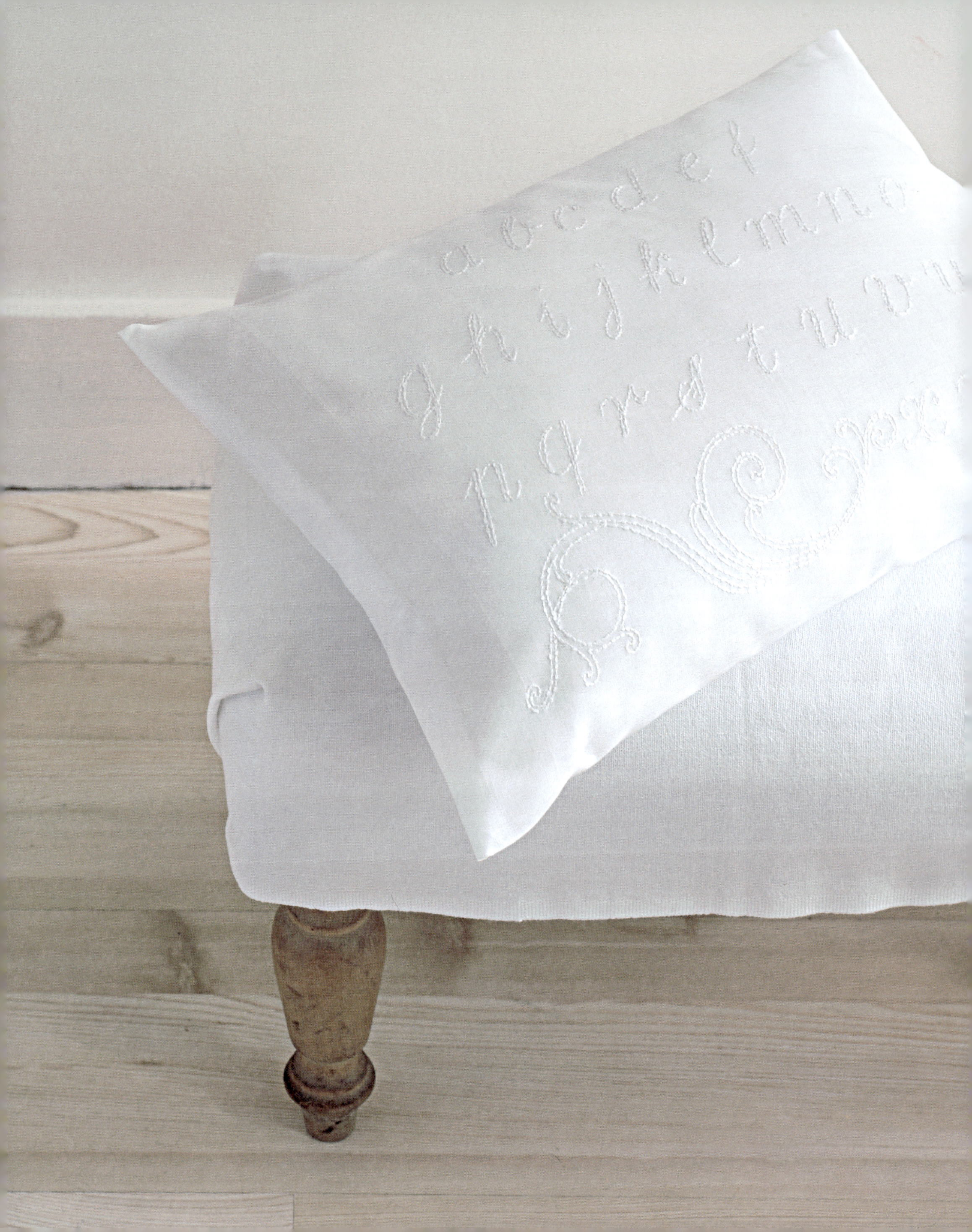
a b c d e f
g h i j k l m n o

Abc

Material: 35 cm × 50 cm Baumwollvoile in Weiß, 35 cm × 50 cm Leinen in Weiß, 2 Stränge DMC-Sticktwist in Weiß, Sticknadel Nr. 9, Stickring, 1 Kissen 30 cm × 45 cm, Nähgarn und -nadel, Stecknadeln

Stiche: Steppstich

Maße des Stickmotivs: 22 cm hoch × 32 cm breit

Stickanleitung

Wie in der Anleitung zur direkten Übertragung auf Seite 135 beschrieben, das Motiv mittig auf die rechte Stoffseite des Voile übertragen.

Den Stoff in den Stickring spannen. Mit 2 Teilfäden Sticktwist mit Steppstich sticken. Buchstabe für Buchstabe sticken und den Arbeitsfaden nach jedem Buchstaben abschneiden, damit sich keine flottierenden Fäden bilden.

Fertigstellung

Legen Sie den bestickten Voile rechts auf rechts auf das Leinen. Feststecken und 2 cm neben der Kante steppen, dabei eine Seite offen lassen. Die Nähte flach bügeln. Die Arbeit auf rechts wenden und das Kissen in die Hülle schieben. Die offene Seite mit Saumstichen schließen.

Abc in Originalgröße

g Steppstich

a b c

g h i j k

n q r s

d e f

k l m n o

t u v w

x y z

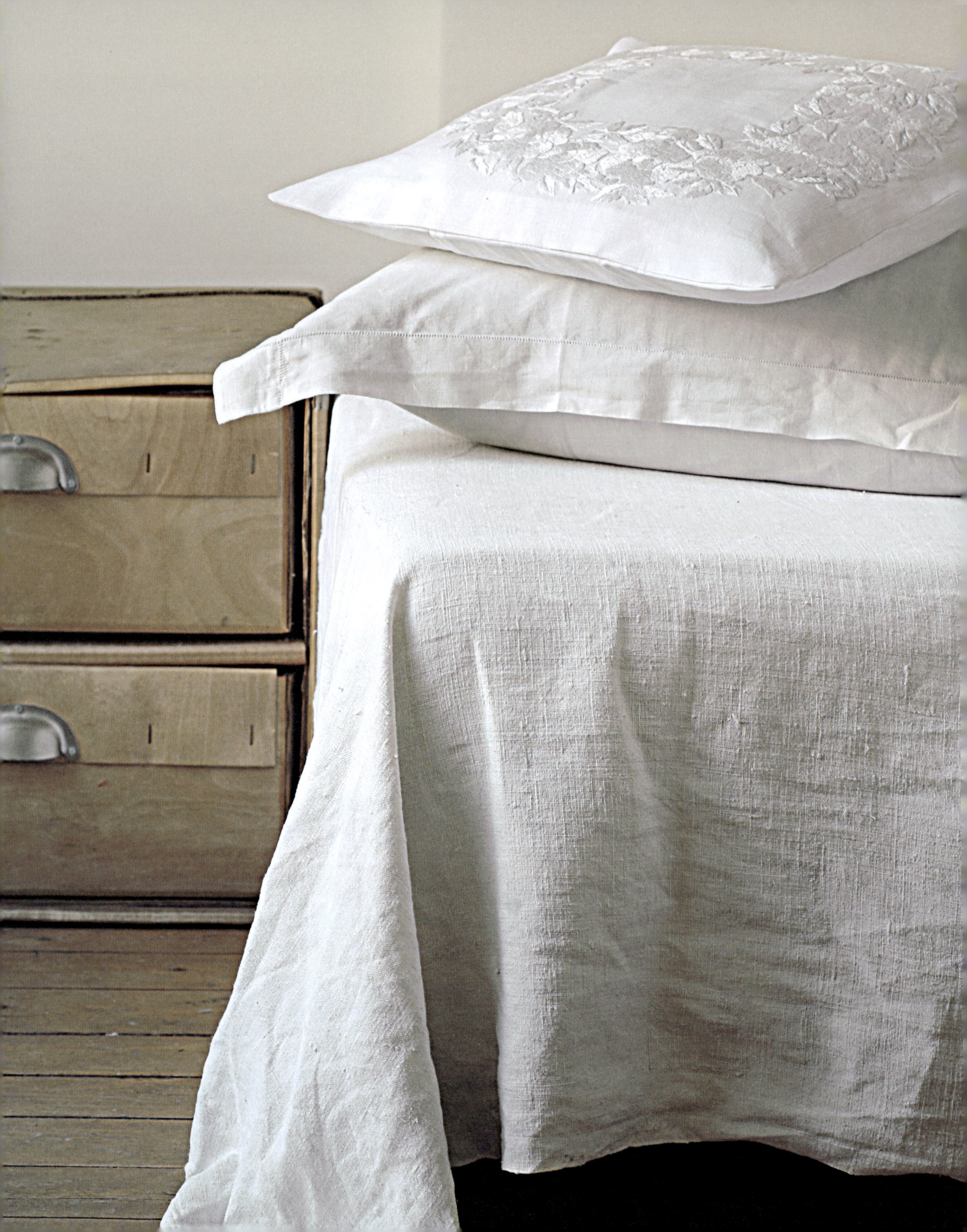

Quadratisches Kissen

Quadratisches Kissen

Material: 50 cm × 100 cm Leinen in Weiß, 10 Stränge DMC-Sticktwist in Weiß, 2 Stränge DMC-Perlgarn Nr. 5 in Weiß, 1 Kissen 40 cm × 40 cm, Sticknadel Nr. 5 und Nr. 7, Stickring, Lineal, Nähgarn in Weiß, Stecknadeln

Stiche: Versetzter Spannstich, Plattstich

Maße des Stickmotivs: 38 cm hoch × 38 cm breit

- Plattstich
- Versetzter Spannstich

Stickanleitung

Den Stoff in zwei 50 cm × 50 cm große Quadrate schneiden. Wie in der Anleitung zur direkten Übertragung auf Seite 135 beschrieben, das Motiv mittig auf eines der Stoffquadrate übertragen.

Das Stoffquadrat in den Stickring spannen. Mit 3 Teilfäden Sticktwist und Sticknadel Nr. 7 alle Flächen mit versetztem Spannstich sticken. Stichrichtung gemäß Zeichnung beachten. Die Blütenknoten mit Perlgarn und Nadel Nr. 5 mit Plattstich sticken.

Fertigstellung

Auf die linke Seite der Arbeit ein 42 cm × 42 cm großes Quadrat zeichnen, in das der gestickte Kranz mittig zu liegen kommt. Das zweite Stoffquadrat in zwei je 25 cm × 50 cm große Stücke schneiden. An jedem Rechteck einer Längsseite entlang einen 1 cm breiten Saum umlegen und mit der Nähmaschine steppen.

Die beiden Rechtecke rechts auf rechts auf das bestickte, 42 cm × 42 cm große Quadrat legen; die gesäumten Ränder liegen einander gegenüber und überlappen einige Zentimeter. Die Stofflagen feststecken und steppen. Die Ecken abschrägen und überschüssigen Stoff abschneiden. Die Nähte flach bügeln, den Kissenbezug wenden und das Kissen hineinschieben.

Kissenmotiv in Originalgröße

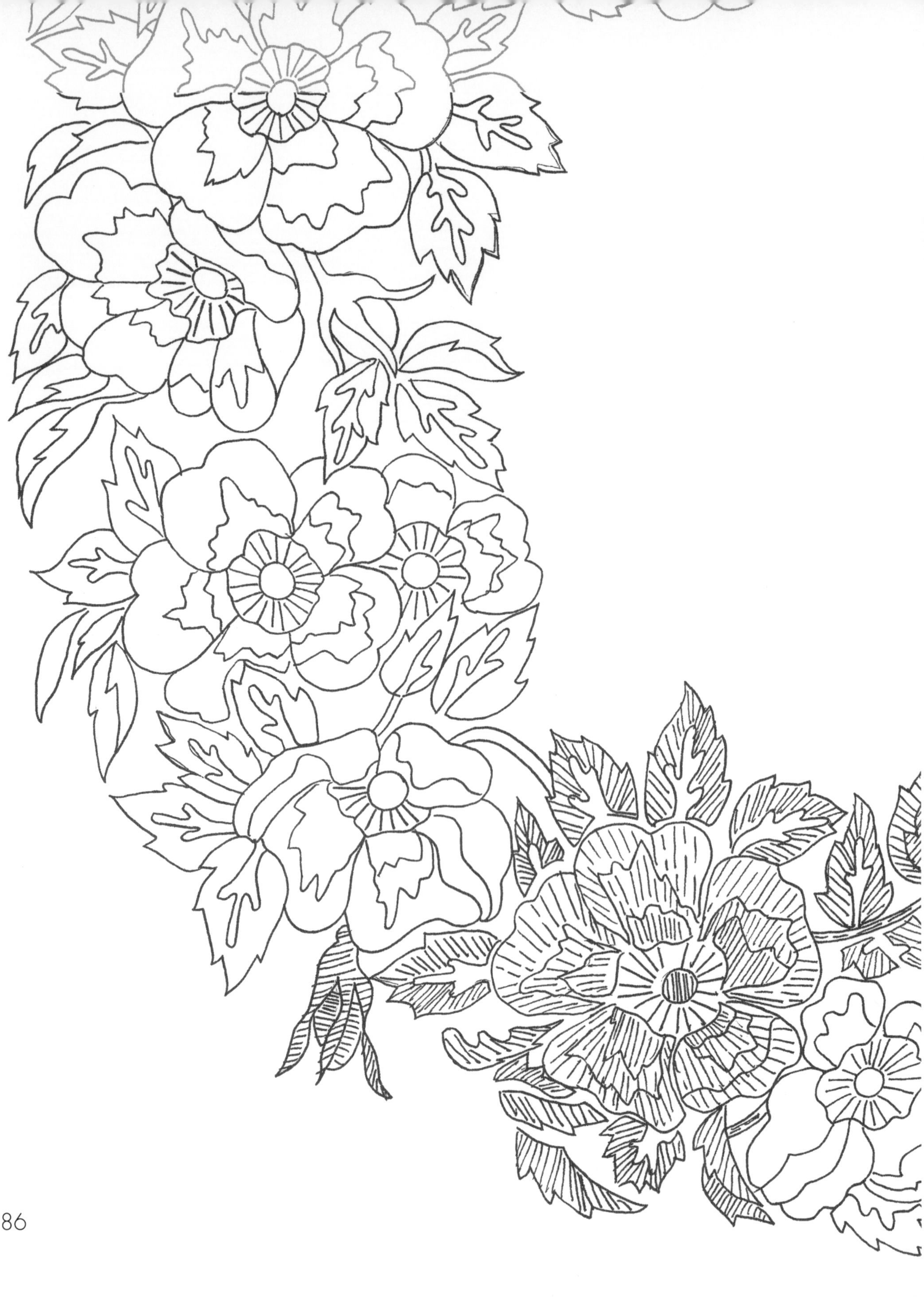

Plattstich

Versetzter Spannstich

Kissenmotiv in Originalgröße

87

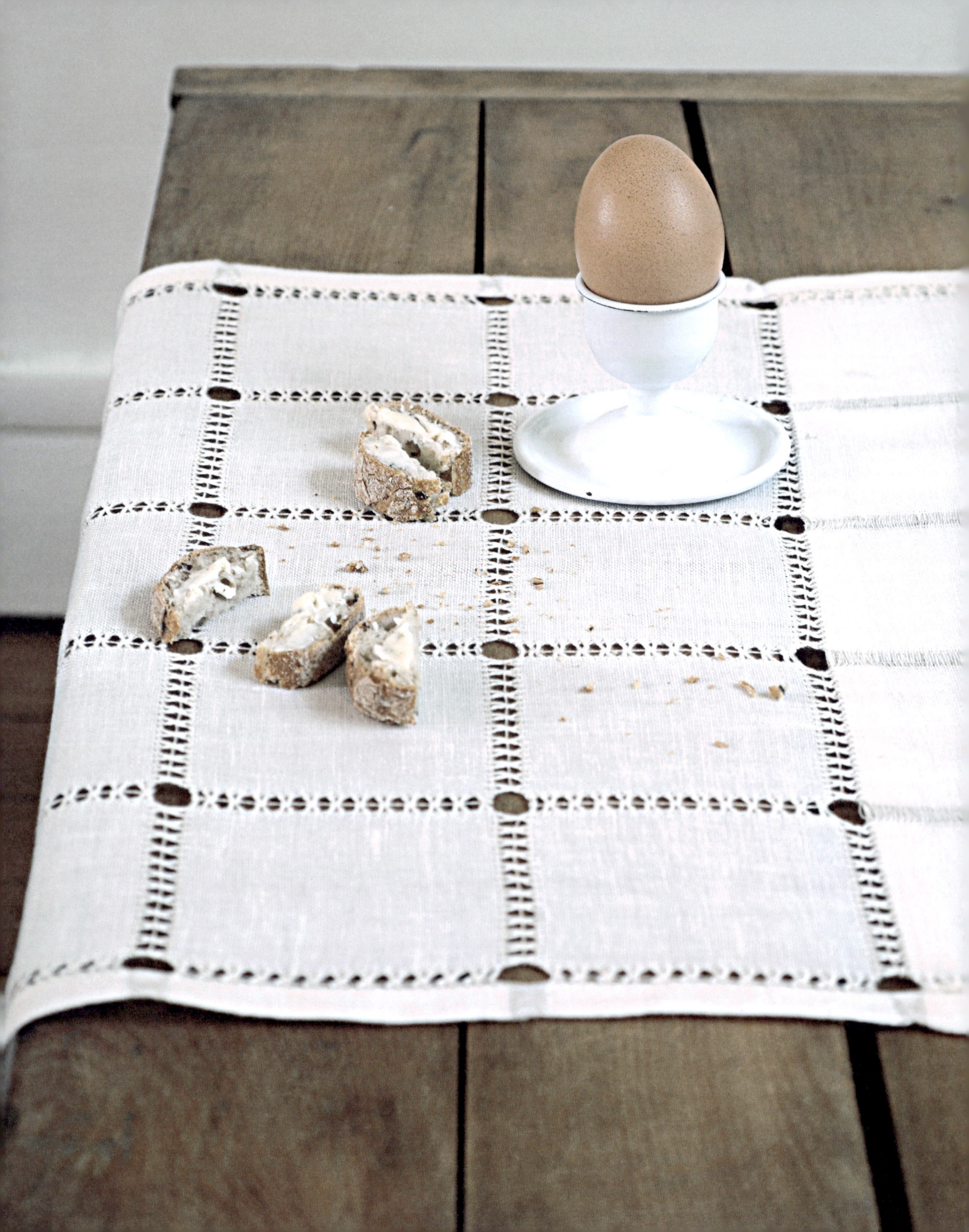

Tischdecke

Material: 110 cm × 110 cm Leinen mit fertigen Durchbrüchen in gebrochenem Weiß, 4 Stränge DMC-Vierfachgarn Nr. 20 in Ecru, Sticknadel Nr. 9, Stecknadeln, Nähgarn in Ecru, Nähnadel

Stiche: umschlungener Hohlsaum

Maße des Stickmotivs: 110 cm × 110 cm

Hohlsaum vorbereiten

Bei diesem feinen Stoff aus 100 % Leinen sind die Durchbrüche bereits vorhanden, sodass Sie nur noch zu sticken brauchen. Vorher sollten Sie den Stoff jedoch säumen. Auf allen vier Tischdeckenseiten endet das Motiv in einem Viereck. Die Seiten zunächst 1,5 cm breit umschlagen, den Einschlag bügeln und einen weiteren Einschlag in der Höhe von eineinhalb Vierecken feststecken und heften.

Stickanleitung

Die Kontur jedes Vierecks einzeln sticken, um flottierende Fäden zwischen den Vierecken zu vermeiden. Den ersten und zweiten Arbeitsgang des umschlungenen Hohlsaums sticken. In der Reihe unmittelbar über dem Saum beim Sticken der Hohlsaumbordüre durch die Lagen des Saums stechen.

Sind die Konturen sämtlicher Vierecke gestickt, den dritten Arbeitsgang des umschlungenen Hohlsaums sticken. Den Arbeitsfaden mit einer Schlinge an die Fäden des ersten Bündels binden und den Hohlsaum fertig sticken.

Bei dieser Tischdecke können Sie auch nur bestimmte Durchbrüche sticken. Je nach Lust und Zeit suchen Sie sich den Teil der Decke, die Vierecke oder die Linien aus, die Sie sticken möchten, und lassen die bereits im Stoff vorhandenen Durchbrüche unberührt.

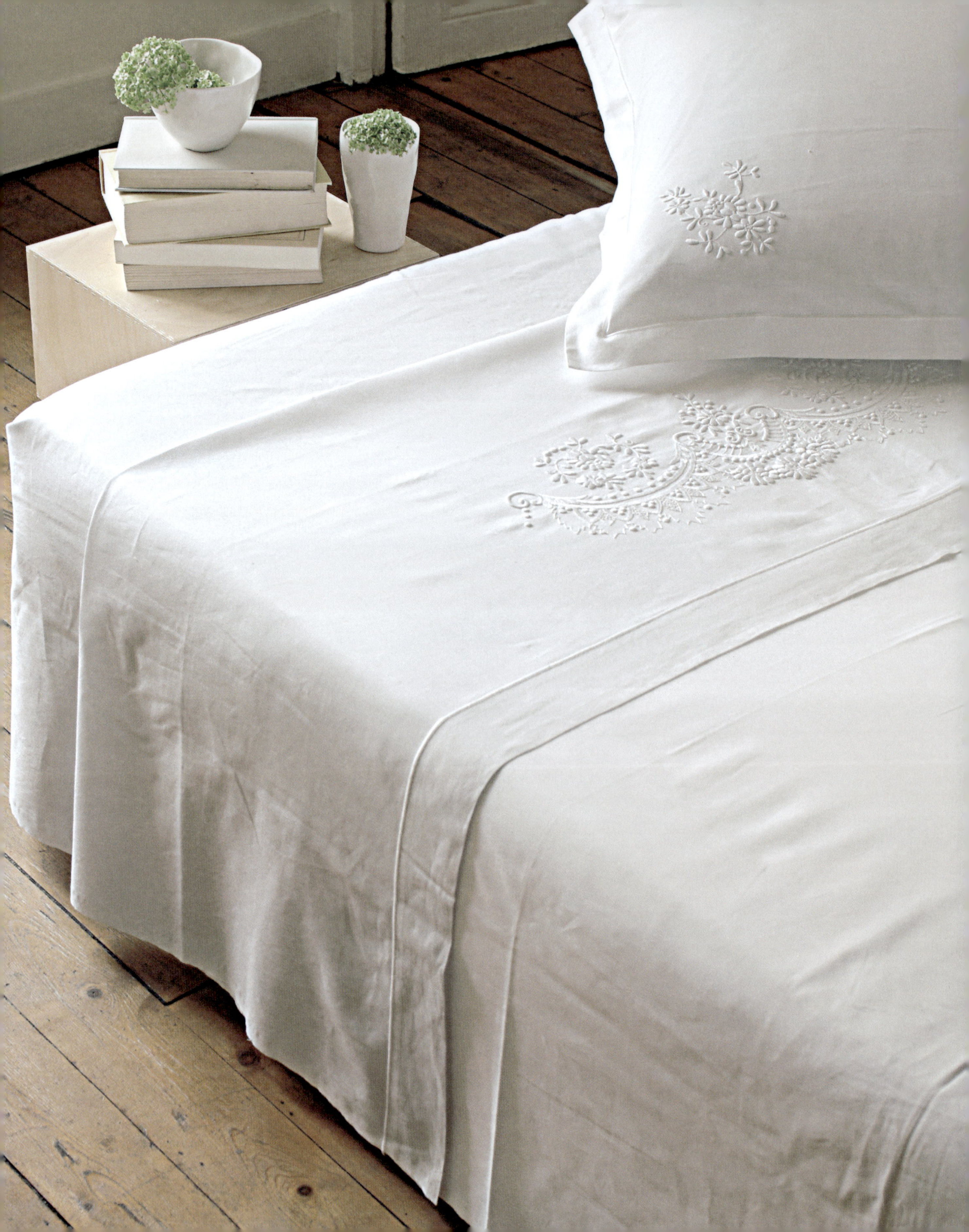

Betttuch und Kissenbezüge

Betttuch und Kissenbezüge

Material: 1 Betttuch und 2 Kopfkissenbezüge in Weiß mit Schnurstichnaht, 12 Stränge DMC-Vierfachgarn Nr. 20 in Weiß, Sticknadel Nr. 9, Stickring, Stecknadeln

Stiche: unterlegter Plattstich, Languettenstich, Knötchenstich, Plattstich, Stielstich

Maße der Stickmotive: Betttuchmotiv 55 cm × 20 cm, Kissenmotiv 12 cm × 12 cm

Stickanleitung

Wie in der Anleitung zur direkten Übertragung auf Seite 135 beschrieben, das Motiv mittig und 5 cm von der Schnurstichnaht entfernt auf das Betttuch übertragen. Bei den Kissenbezügen genauso verfahren und das Motiv 5 cm von der Schnurstichnaht entfernt bei dem einen Kissen in die rechte Ecke und bei dem anderen in die linke Ecke übertragen.

Beginnen Sie mit der Betttuchbordüre. Das Betttuch in den Stickring spannen. Bei allen Motiven den ersten und zweiten Arbeitsgang des unterlegten Plattstichs sticken. Die Linien mit Languettenstich sticken. Die Blätter mit Plattstich sticken. Die erzeugten Reliefs im dritten Arbeitsgang des unterlegten Plattstichs mit Plattstich übersticken. Die Konturen der Bordürenunterkante sowie die Stiele der Blumenmotive mit Stielstich sticken. Zum Schluss die Zungen mit Knötchenstich aussticken.

Bei den Kissenbezügen auf den Blütenblättern und Blättern zunächst den ersten und zweiten Arbeitsgang des unterlegten Plattstichs sticken. Die Stiele mit Stielstich sticken. Zum Schluss im dritten Arbeitsgang die erzeugten Reliefs mit Plattstich übersticken.

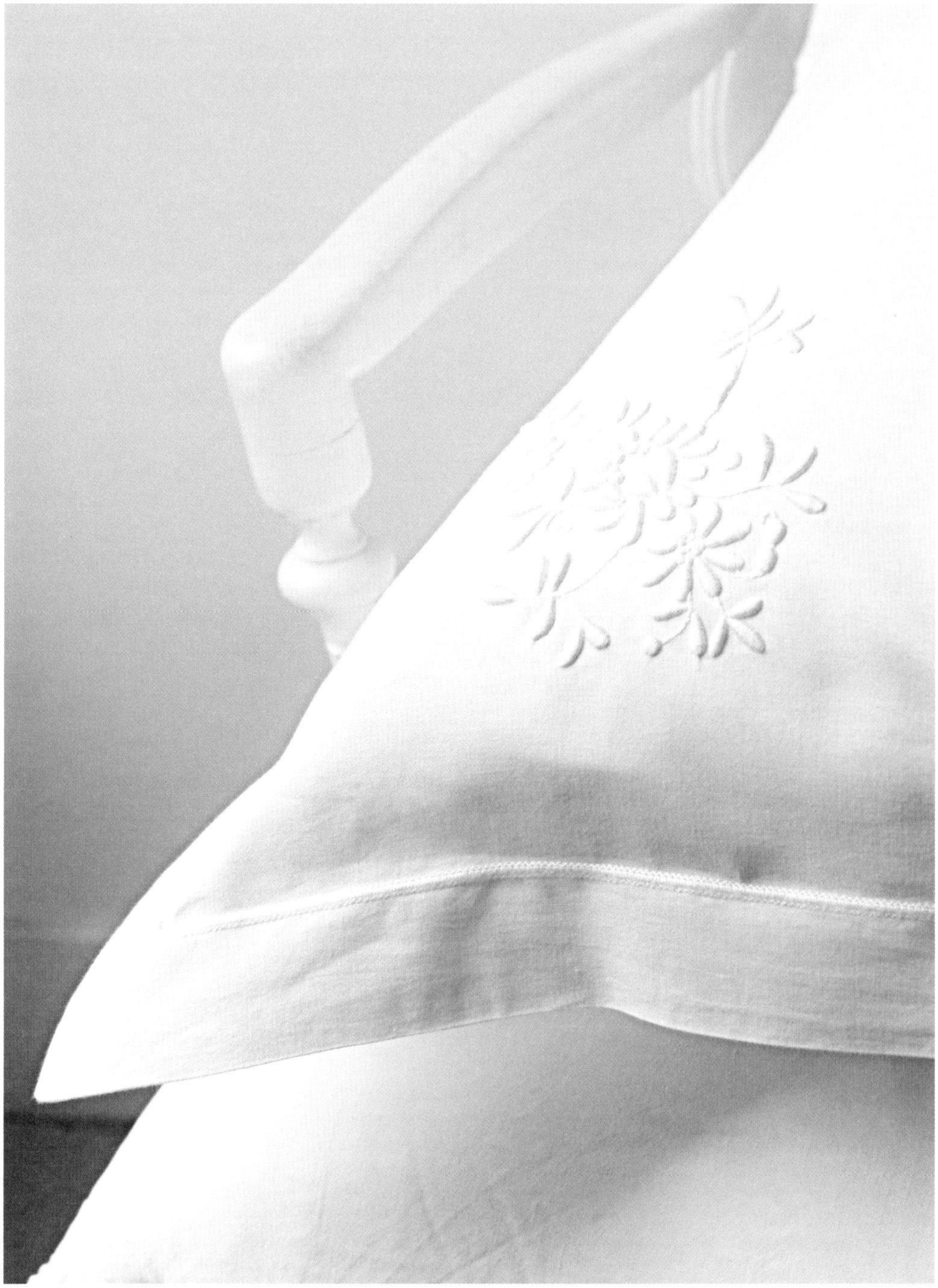

Betttuchmotiv in Originalgröße

94

Motivmitte

Unterlegter Plattstich

Languettenstich

Knötchenstich

Plattstich

Stielstich

95

Unterlegter Plattstich
Languettenstich
Knötchenstich
Plattstich
Stielstich

Kissenmotiv in Originalgröße

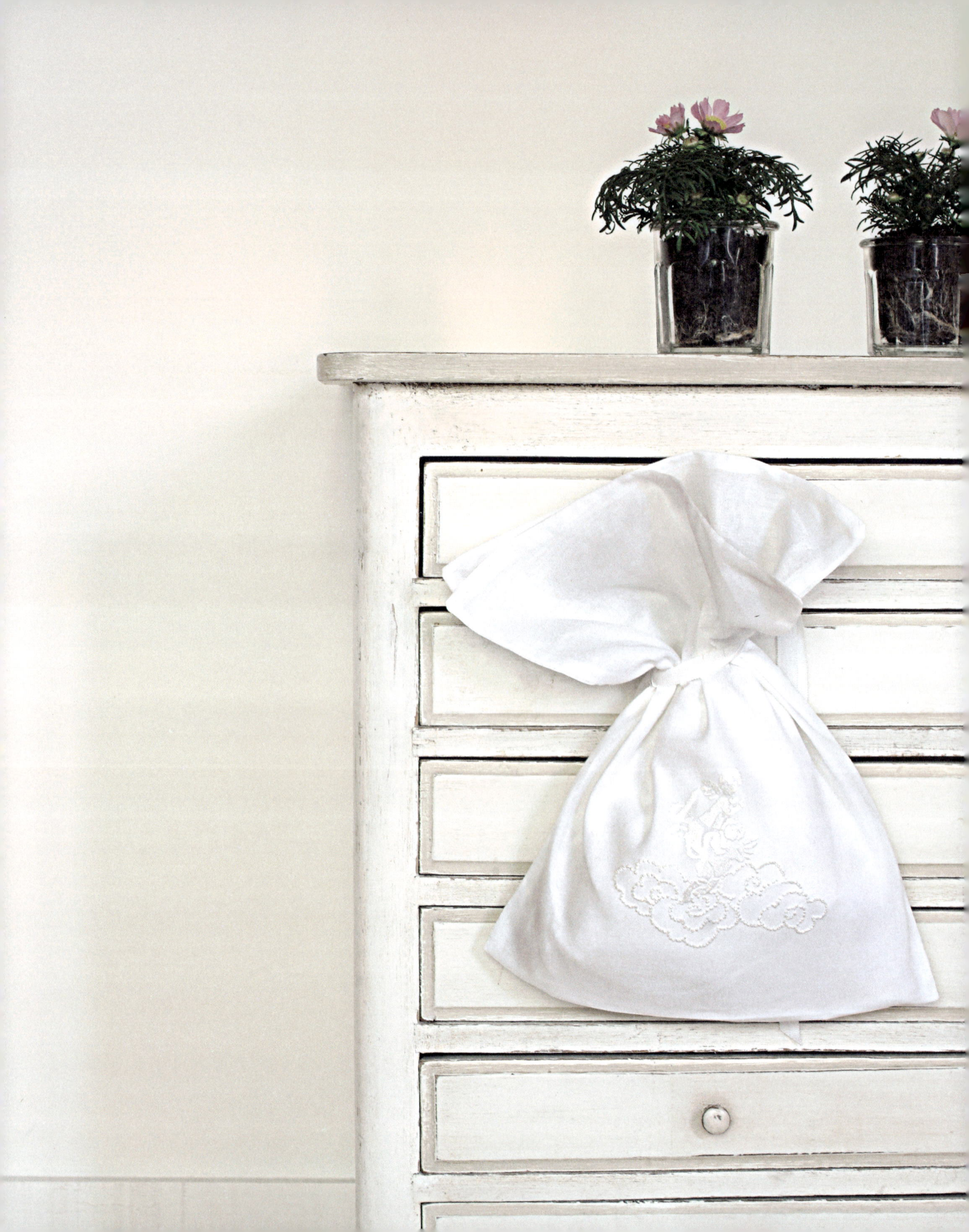

Beutel

Material: 35 cm × 90 cm Baumwollvoile in Weiß, 35 cm × 90 cm Batist in Weiß, 1 Strang DMC-Sticktwist in Weiß, 1 Strang Perlgarn in Weiß, 1 m Grosgrain in Weiß, 1,5 cm breit, Sticknadel Nr. 7 und Nr. 9, Stickring, Nähgarn in Weiß, Stecknadeln

Stiche: Versetzter Spannstich, Knötchenstich

Maße des Stickmotivs: 16 cm × 12 cm

Stickanleitung

Den Baumwollvoile doppelt legen, sodass ein Rechteck von 35 cm × 45 cm entsteht. Das Muster mittig und 6 cm vom Bruch entfernt zwischen die beiden Stofflagen legen. Papier und Stoff zusammenstecken und das Muster mit Bleistift durchpausen.

Den Voile wieder auseinanderlegen und in den Stickring spannen. Die Engelchen mit 2 Teilfäden Sticktwist und Nadel Nr. 9 entsprechend der in der Zeichnung angegebenen Stichrichtung mit versetztem Spannstich sticken.

Die Wolken mit Perlgarn und Nadel Nr. 7 mit Knötchenstich sticken. Die Knötchen gleichmäßig und recht dicht beisammen sticken. Flottierende Fäden zwischen den Motiven vermeiden.

Fertigstellung

Den Batist rechts auf rechts auf den bestickten Baumwollvoile legen. Die Teile ringsherum zusammenstecken und mit der Nähmaschine 1 cm neben den Kanten steppen. Dabei auf einer Seite eine 10 cm große Öffnung lassen. Überschüssigen Stoff bis auf 0,5 cm von der Naht entfernt abschneiden und die Nähte flach bügeln. Die Arbeit auf rechts wenden und die Öffnung mit kleinen Stichen schließen. Das Rechteck zu einem Beutel doppelt legen und die Seiten von Hand bis auf eine Höhe von 28 cm schließen. Das Band in der Mitte mit ein paar Stichen an der linken Beutelseite befestigen.

Versetzter Spannstich

Knötchenstich

Beutelmotiv in Originalgröße

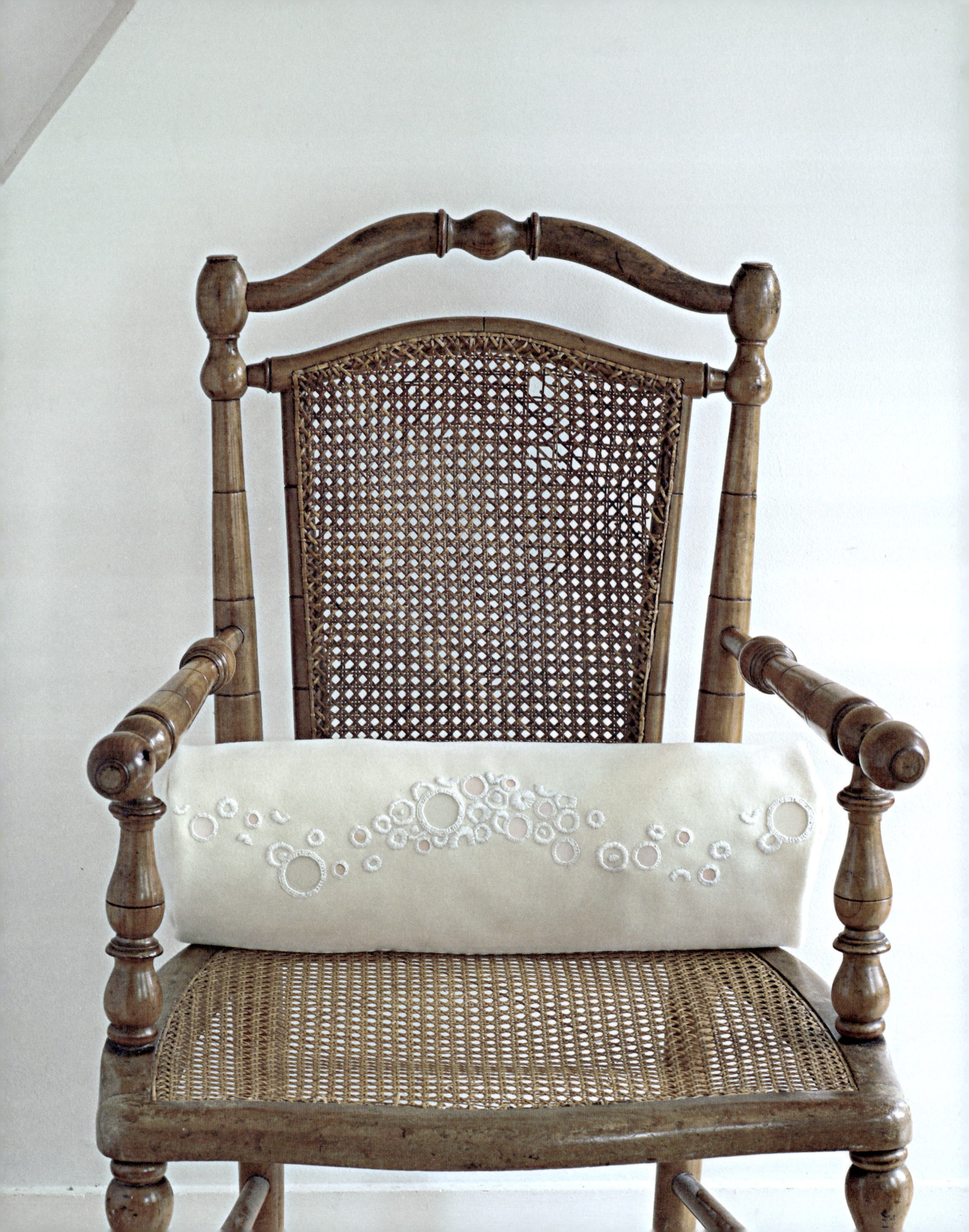

Nackenrolle

Nackenrolle

Material: 55 cm × 90 cm Biberbetttuch in gebrochenem Weiß, 1 Strang DMC-Vierfachgarn Nr. 16 in Weiß, 2 Stränge DMC-Perlgarn Nr. 5 in Weiß, 3 Zechinen in Perlmuttweiß von 3,5 cm Durchmesser, 5 Zechinen in Perlmuttweiß von 2 cm Durchmesser, 7 Zechinen in Perlmuttweiß von 1 cm Durchmesser, 1 Nackenrolle, 50 cm lang, Durchmesser 15 cm, Sticknadel Nr. 5 und Nr. 7, Zirkel, Nähgarn in Ecru, Stecknadeln

Stiche: Shisha-Stickerei, Plattstich

Maße des Stickmotivs: 8 cm hoch × 50 cm breit

Vorbereitung

Aus dem Biberbetttuch ein 50 cm × 55 cm großes Stoffstück schneiden und auf das Reststück zwei Kreise von 15 cm Durchmesser zeichnen. Die Kreise mit 1,5 cm Zugabe ausschneiden.

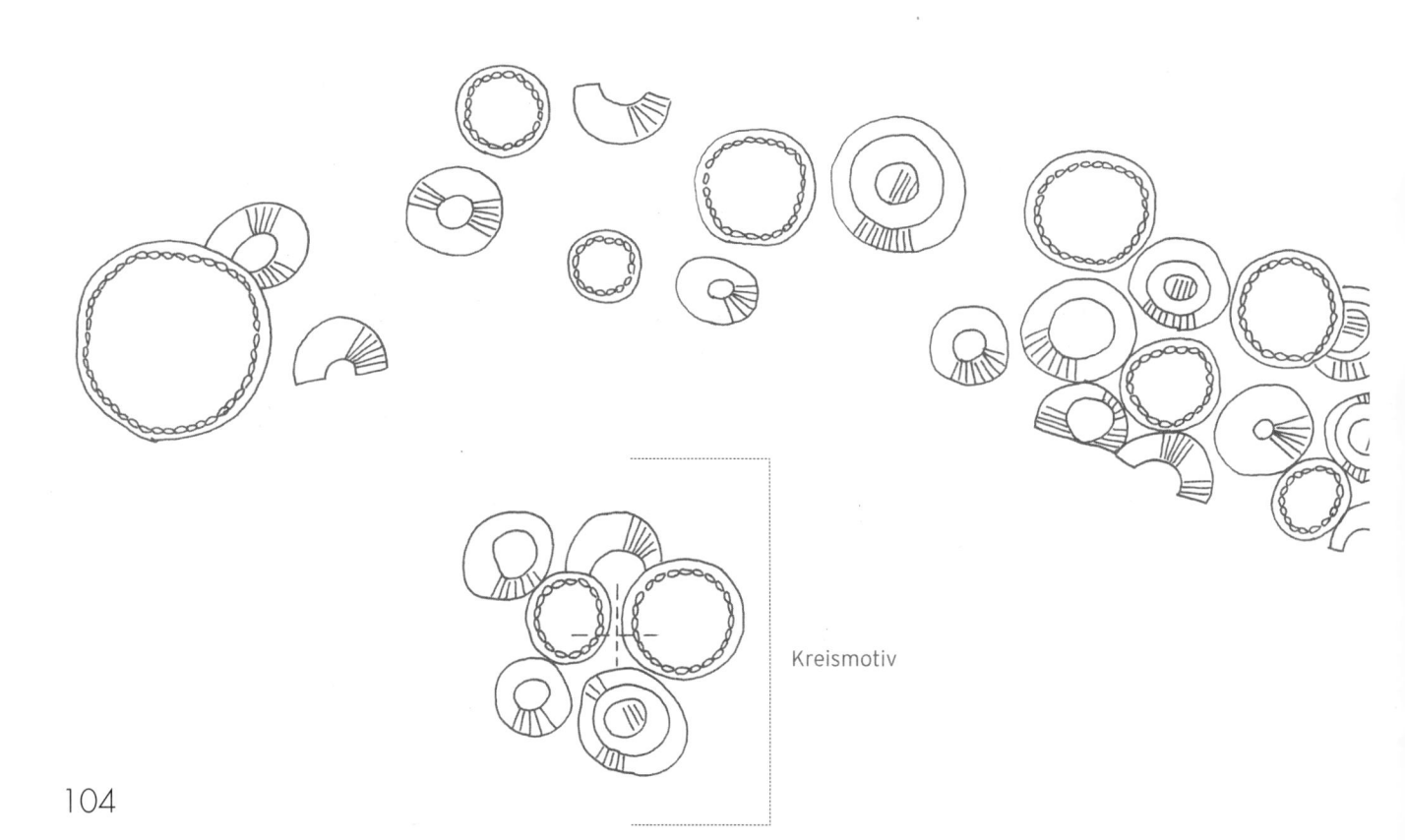

Kreismotiv

Stickanleitung

Wie in der Anleitung zum Übertragen mit Transparentpapier und Schneiderkopierpapier auf Seite 135 beschrieben, das Motiv mittig auf das Stoffrechteck und mittig auf die beiden Stoffkreise übertragen.

Wegen der Dicke des Biberbetttuchs erübrigt sich das Einspannen in einen Stickring. Zunächst die Rundmotive mit Perlgarn und Nadel Nr. 5 entsprechend der in der Zeichnung angegebenen Stichrichtung mit Plattstich füllen.

Dann die Zechinen mit Vierfachgarn und Nadel Nr. 7 in Shisha-Technik aufnähen.

Die Motive auf den Kreisen genauso sticken.

Fertigstellung

Einen Stoffkreis rechts auf rechts auf eine Schmalseite des bestickten Stoffrechtecks stecken. Dabei an beiden Seiten 5 cm überstehen lassen. Aus diesen 5 cm die Ränder der Hülle wie bei einem Kopfkissenbezug herstellen. Den anderen Kreis auf die andere Seite stecken und mit der Nähmaschine feststeppen.

Überschüssigen Stoff bis auf 0,5 cm von den Nähten entfernt zurückschneiden. Die Nähte flach bügeln und die Hülle auf rechts wenden. Die Nackenrolle in die Hülle schieben.

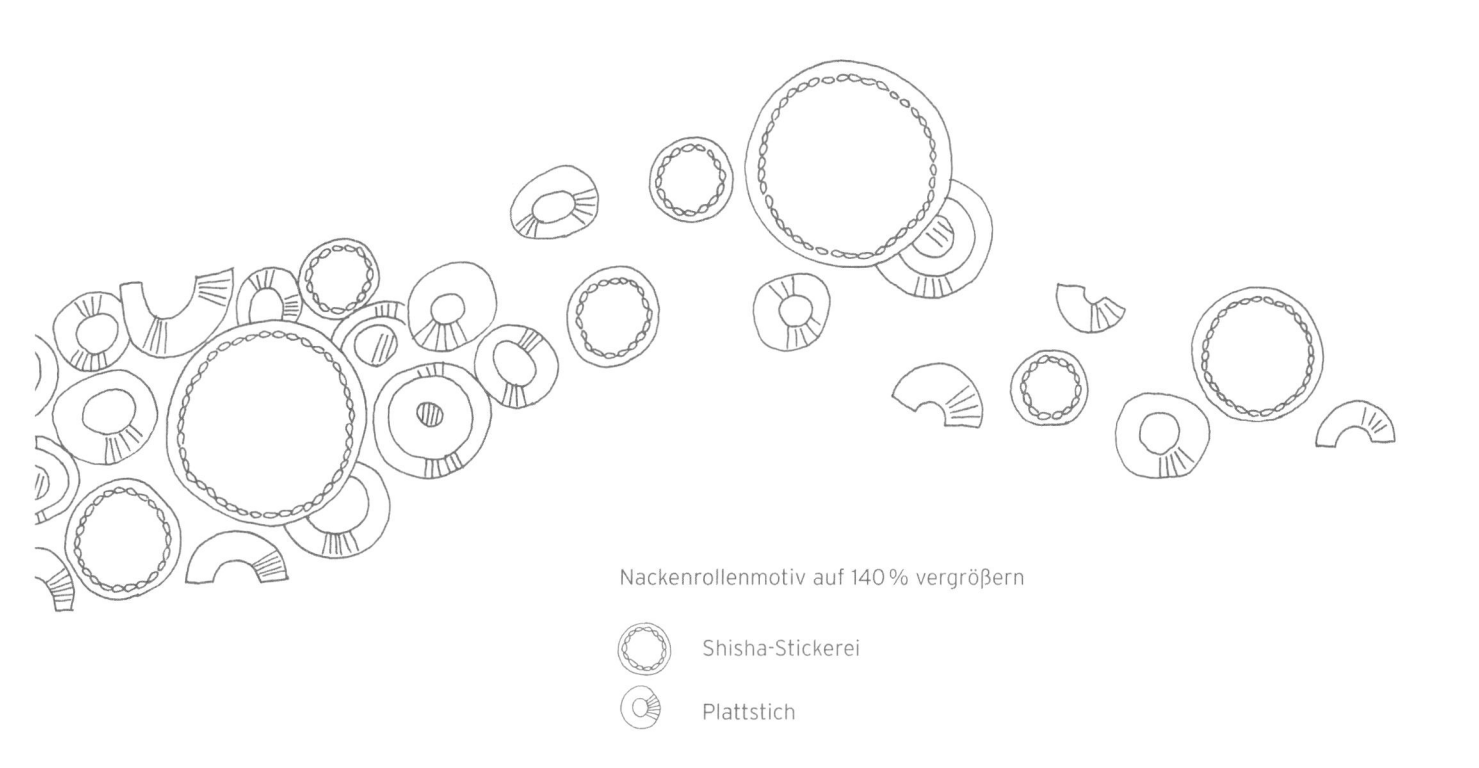

Nackenrollenmotiv auf 140 % vergrößern

Shisha-Stickerei

Plattstich

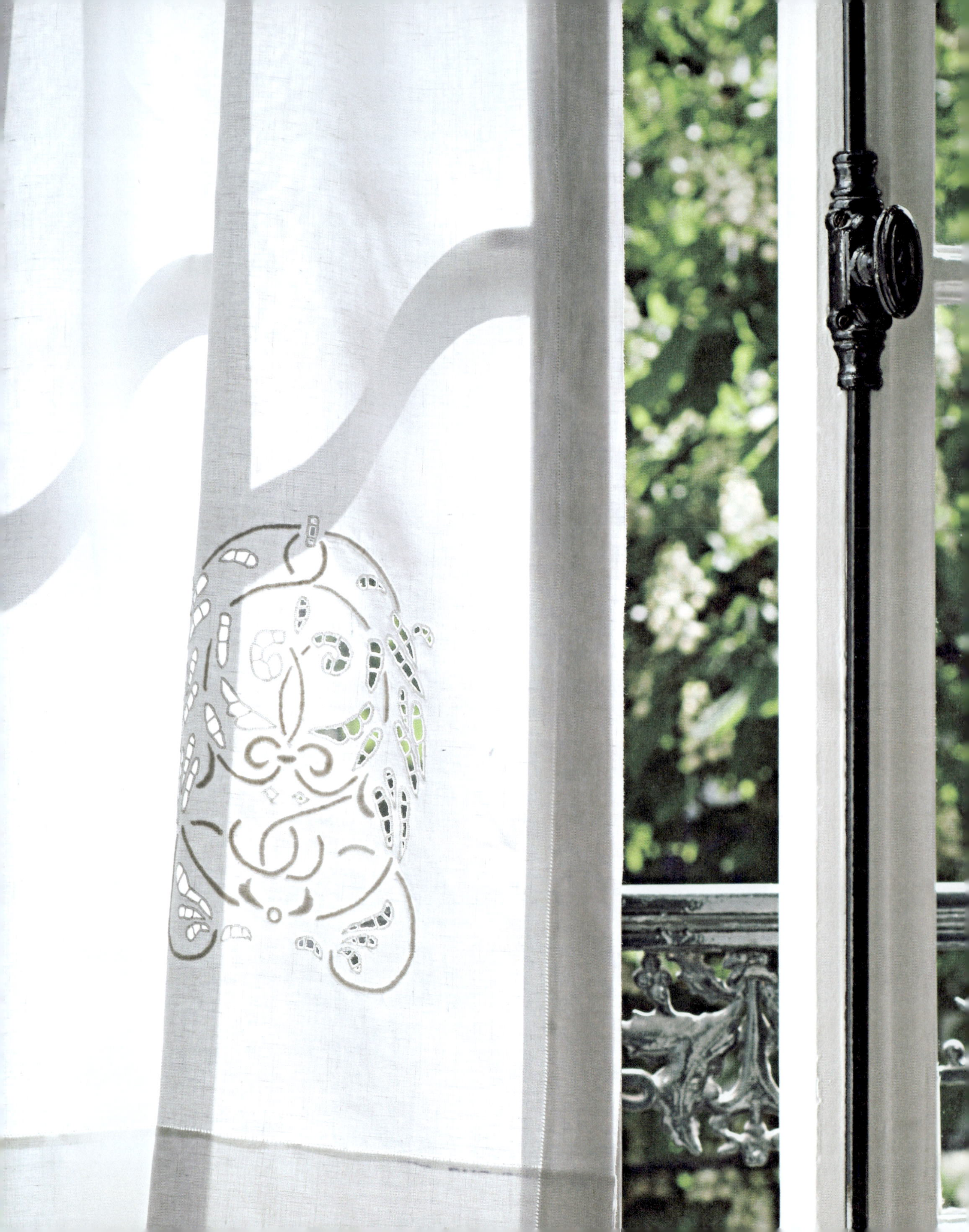

Gardine

Gardine

Material: 1,50 cm × 220 m Leinen in Weiß, 4 Stränge DMC-Vierfachgarn Nr. 20 in Weiß, 1 Strang DMC-Sticktwist in Weiß, Sticknadel Nr. 9, Nähnadel, Stickschere, großes Lineal, Stickring, Reihgarn, Stecknadeln

Stiche: Richelieu-Arbeit (Languettenstich und Languettensteg), Schnurstich, einfacher Hohlsaumstich

Maße des Stickmotivs: 18 cm breit × 24 cm hoch

Stickanleitung

Wie in der Anleitung zur direkten Übertragung auf Seite 135 beschrieben, das Motiv 17 cm von der rechten Seite entfernt und 33 cm oberhalb der Unterkante auf den Stoff übertragen.

Das Leinen in den Stickring spannen. Mit Vierfachgarn bei sämtlichen Motiven, die Languettenstege erhalten, den ersten und zweiten Arbeitsgang der Languettenstege sticken. Dann die Stege sticken und schließlich mit Languettenstich die Konturen der auszuschneidenden Flächen sticken. Die Arabesken mit Schnurstich sticken. Zunächst die Vorbereitungen abschließen und dann die zuvor gestickten Reliefs überdecken. Den Stoff innerhalb der Richelieu-Stickerei mit den Scherenspitzen wegschneiden. Den Stoff möglichst knappkantig dem Languettenstich entlang wegschneiden, ohne die gestickten Stege zu beschädigen.

Fertigstellung

Die Längsseiten der Gardine zunächst 1 cm breit umschlagen, den Einschlag bügeln und einen weiteren Einschlag von 4 cm feststecken und heften. Entlang dieser Säume zwei Gewebefäden ausziehen und mit 1 Teilfaden Sticktwist mit einfachem Hohlsaumstich sticken. Die Gardine am unteren Rand zunächst 1 cm und dann nochmals 12 cm breit umschlagen, feststecken und heften. Entlang dieses Saums zwei Schussfäden ausziehen und mit 1 Teilfaden Sticktwist mit einfachem Hohlsaumstich sticken. Den oberen Rand entsprechend Ihrer Gardinenstange gestalten.

Sollen zwei Gardinen gemacht werden, das Motiv an die linke Seite eines zweiten Leinenstoffes setzen, sodass die Dessins der beiden Gardinen einander gegenüberliegen.

Motivmitte

Fadenlauf

Gardinenmotiv auf 125 % vergrößern   Richelieu-Stickerei   Schnurstich

109

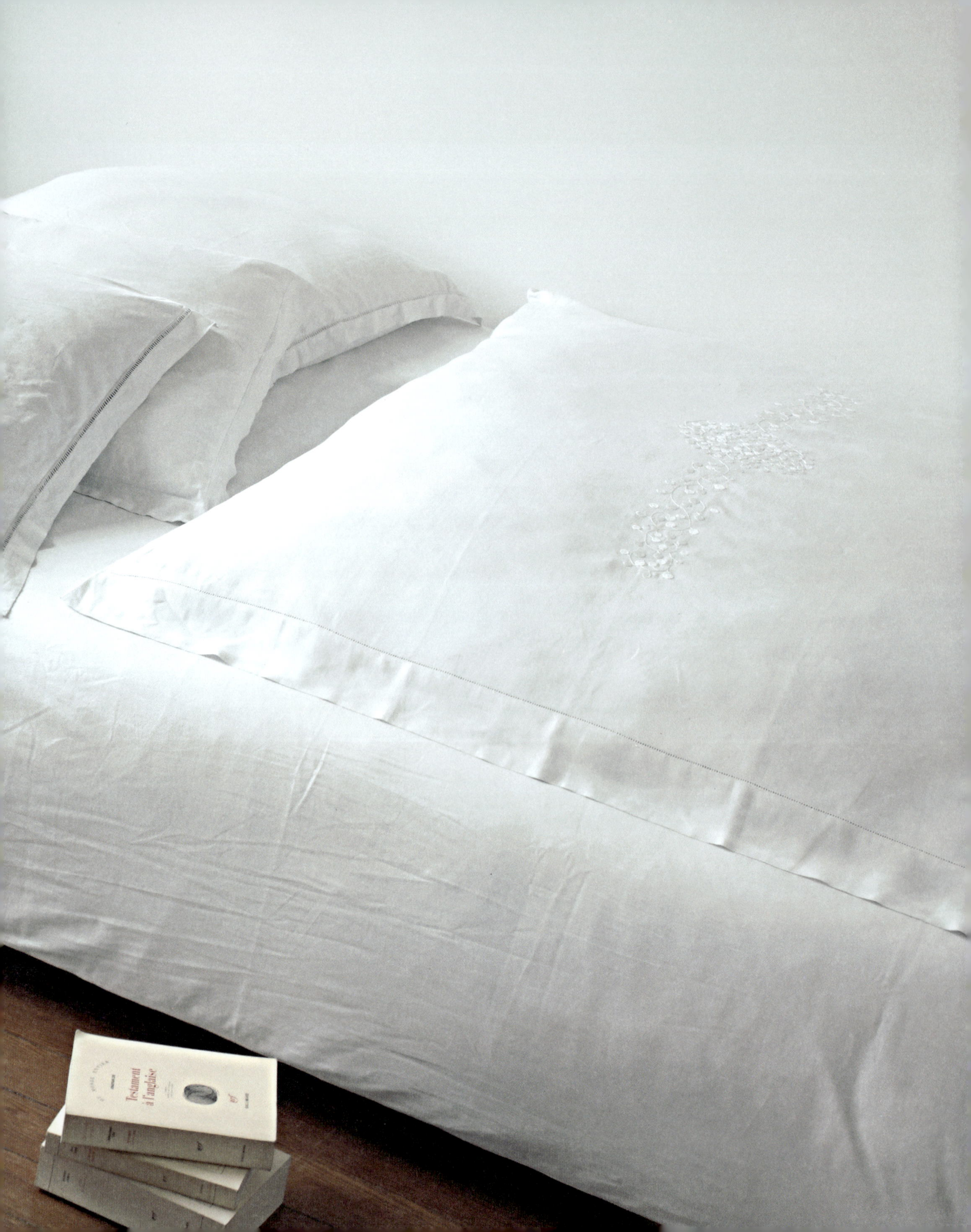
Testament à l'anglaise

Daunenbettbezug

Für die Stickerei dieses Daunenbettbezugs verwenden Sie das Läufermotiv von den Seiten 72 und 73 (Anleitung siehe dort).

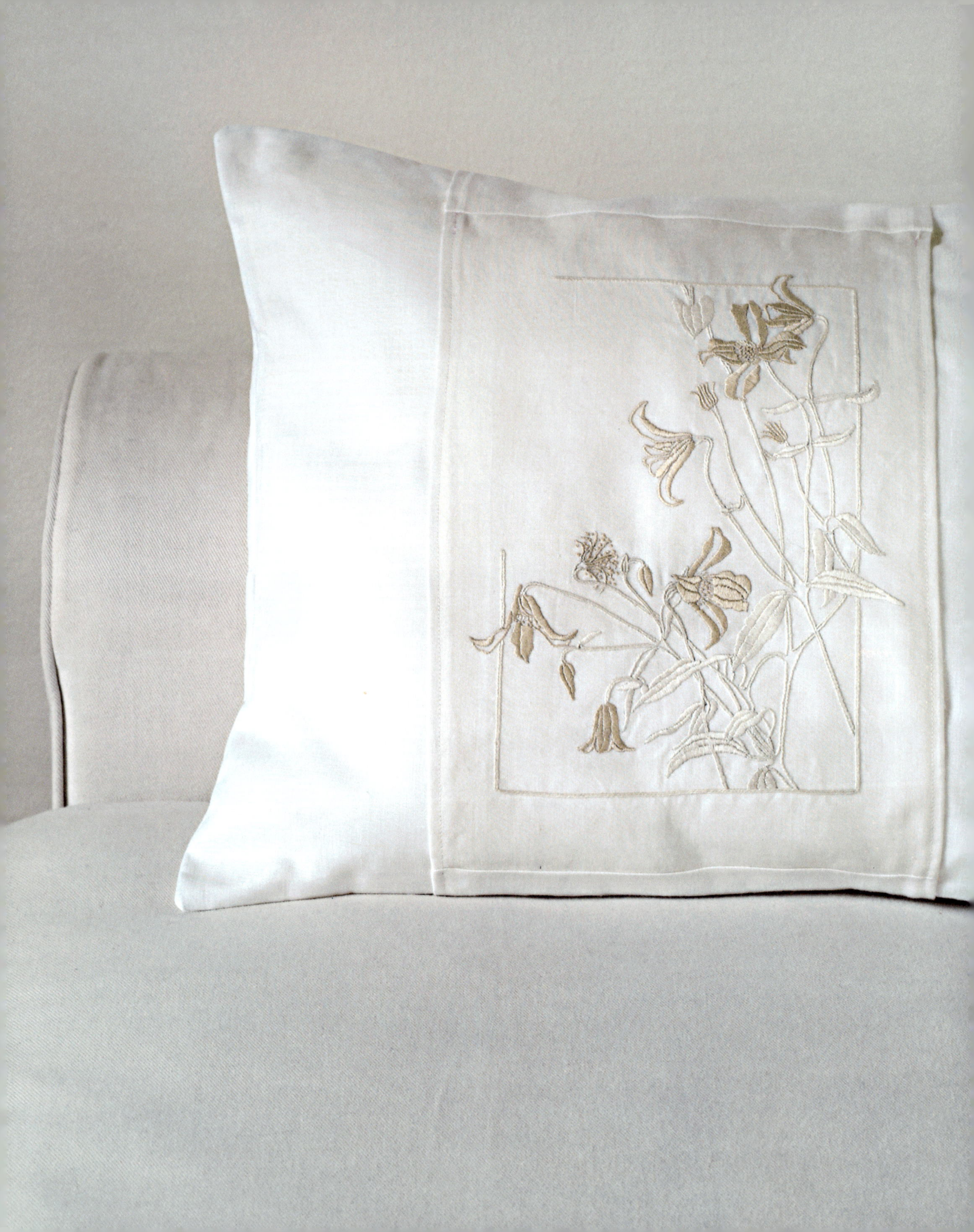

Rechteckiges Kissen

Rechteckiges Kissen

Material: 31 cm × 95 cm Leinen in Weiß, 1 Strang DMC-Vierfachgarn Nr. 20 in Weiß, 1 Strang DMC-Vierfachgarn Nr. 20 in Ecru, 1 Kissenbezug aus Leinen in Weiß, 45 cm × 65 cm, Stickring, Sticknadel Nr. 7, Nähgarn in Weiß, Stecknadeln

Stiche: Plattstich, Stielstich, Knötchenstich

Maße des Stickmotivs: 24 cm hoch × 20 cm breit

Stickanleitung

Wie in der Anleitung zur direkten Übertragung auf Seite 135 beschrieben, das Motiv mittig auf die eine Stoffhälfte übertragen.

Den Stoff in den Stickring spannen. Die zu füllenden Blütenflächen mit ecrufarbenem Garn mit Plattstich entsprechend der in der Zeichnung angegebenen Stichrichtung sticken. Dann die Linien wie Stiele und Staubfäden mit weißem Garn mit Stielstich sticken. Zum Schluss die Blütenknoten mit ecrufarbenem Garn mit Knötchenstich sticken. Die Umrandung mit weißem Garn mit Stielstich sticken.

Fertigstellung

Die Längsseiten des Leinenbands zunächst 0,5 cm breit umschlagen, den Einschlag bügeln und einen weiteren Einschlag von 1 cm feststecken und die Säume mit der Nähmaschine steppen. Das Band rechts auf rechts doppelt legen. Die Schmalseiten stecken und 1 cm neben den Kanten zusammensteppen. Die Naht flach bügeln und die Arbeit auf rechts wenden. Das Kissen in die Hülle schieben und das Band darüberziehen.

Bandmotiv auf 110 % vergrößern

Plattstich

Stielstich

Knötchenstich

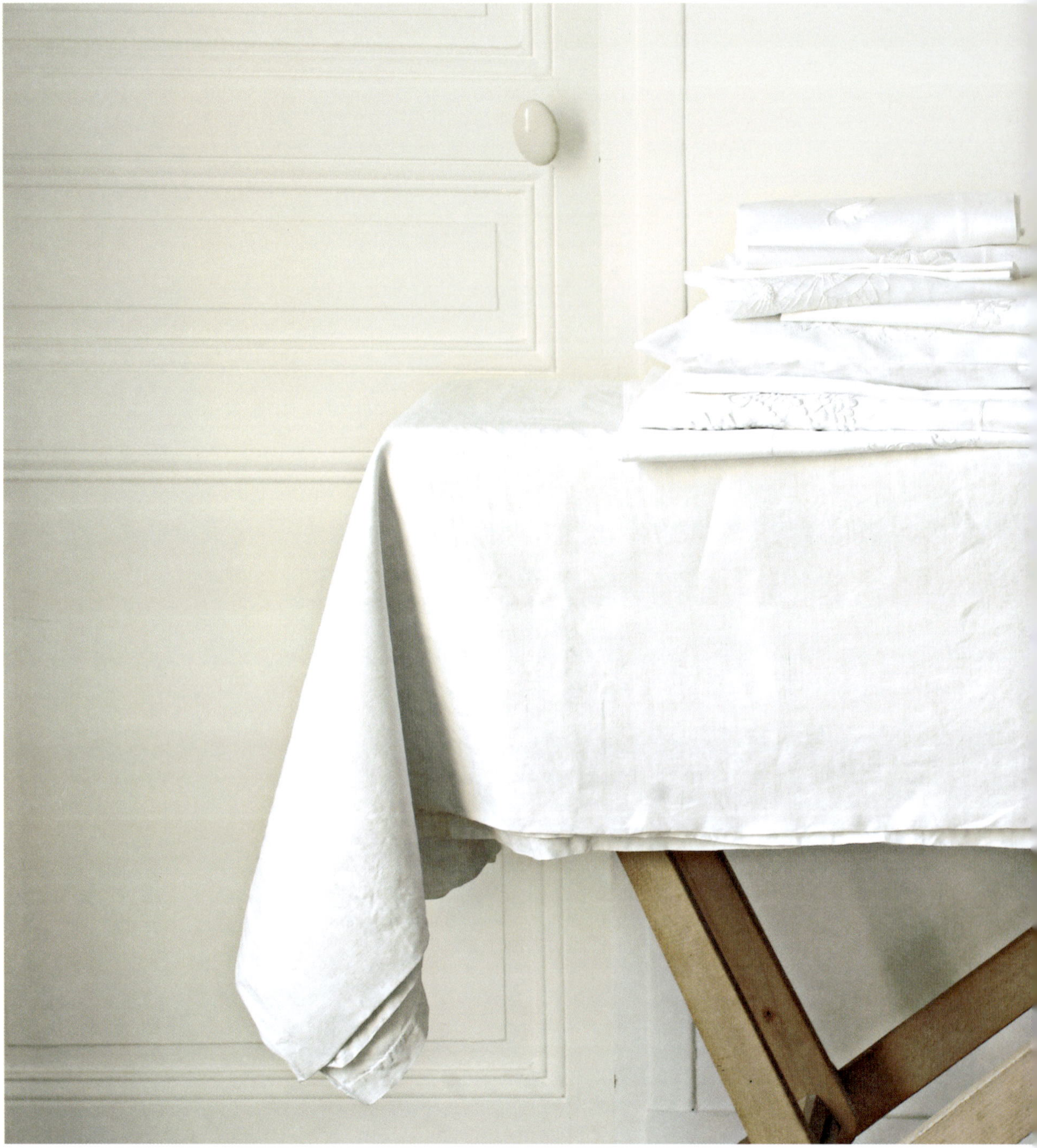

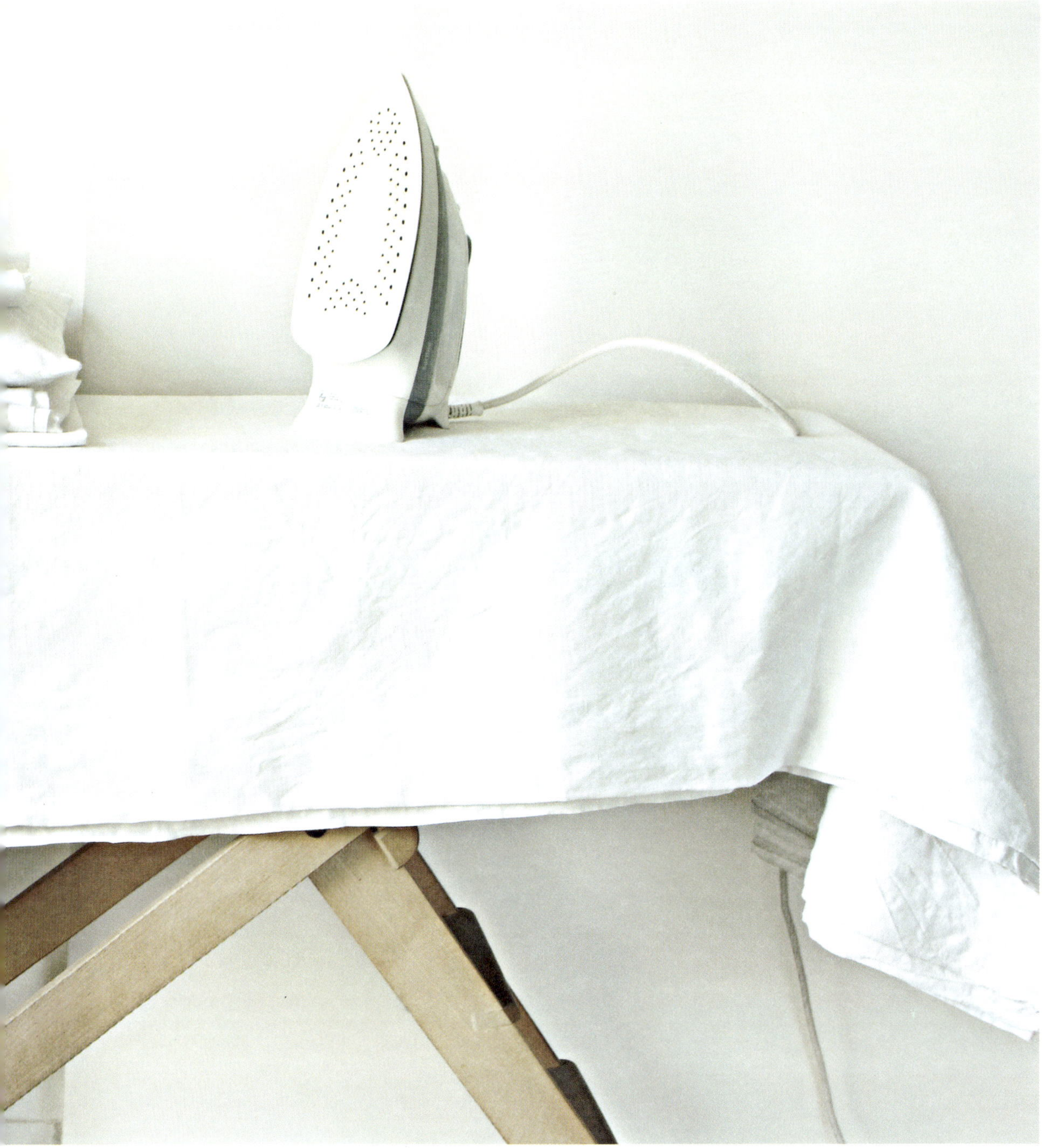

Steppstich

Gestickt wird waagerecht von rechts nach links.

Die Nadel in A rechts auf der Sticklinie zur rechten Stoffseite ausstechen. In B auf der Sticklinie nach links einstechen, das ergibt einen waagerechten Vorstich.

In C einige Millimeter links neben B ausstechen.

Durch erneuten Einstich in B und Ausstich der Nadel einige Millimeter links neben C einen Rückstich arbeiten.

In das letzte Loch des vorhergehenden Stiches einstechen und auf diese Weise weitere Stiche arbeiten.

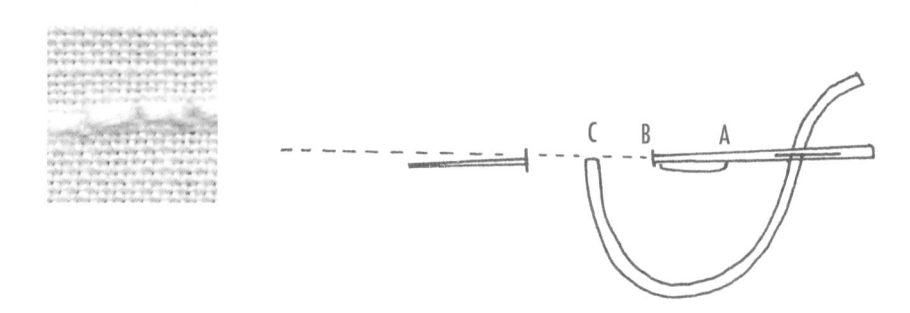

Stielstich

Gestickt wird waagerecht von links nach rechts.

Die Nadel in A links auf der Sticklinie zur rechten Stoffseite ausstechen.

Nach rechts in B einstechen und in halber Stichlänge zwischen A und B in C ausstechen. Die Garnschlinge nach unten legen.

Einen zweiten Stich nach rechts arbeiten, dazu in D einstechen und über B ausstechen.

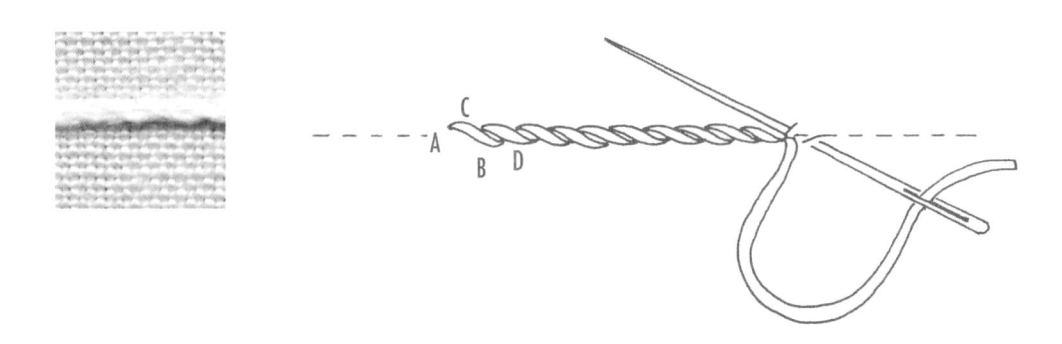

Kettenstich

Gestickt wird senkrecht von oben nach unten.

Die Nadel in A zur rechten Stoffseite ausstechen. In A wieder einstechen und in B unterhalb wieder ausstechen. Den Faden unter die Nadel legen und leicht anziehen. Weitere Stiche genauso arbeiten.

Zum Beenden einer Kettenstichreihe über das Schlingenende der letzten Schlinge einen kleinen Überfangstich arbeiten.

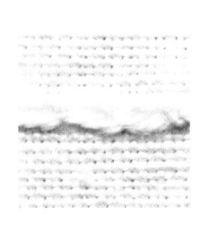

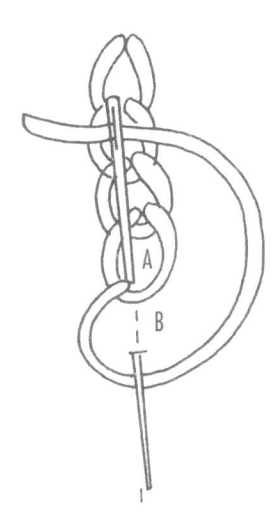

Schlingenstich

Gestickt wird senkrecht von oben nach unten.

Die Nadel in A zur rechten Stoffseite ausstechen. In A wieder einstechen und in B unterhalb wieder ausstechen. Den Faden unter die Nadel legen und zur Bildung der Schlinge leicht anziehen.

In C einstechen, so dass sich am Schlingenende ein kleiner Überfangstich bildet. Die nächste Schlinge nicht zu weit von der vorhergehenden entfernt sticken.

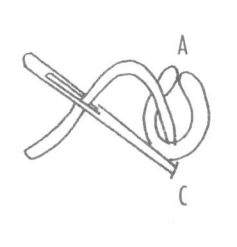

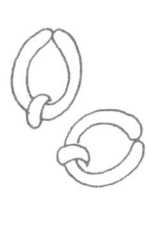

Knötchenstich

Hier gibt es keine Stickrichtung.

Die Nadel in A zur rechten Stoffseite ausstechen. Den Faden im Uhrzeigersinn um die Nadel schlingen.

In B neben A einstechen.

Den Faden durchziehen, die Schlinge auf der Nadel damit zusammenziehen und als Knötchen auf den Stoff setzen.

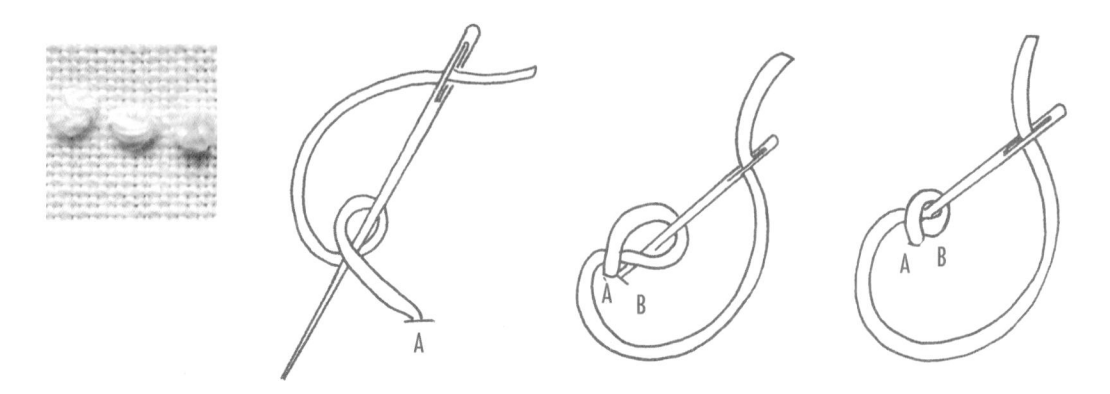

Palestrinastich

Gestickt wird senkrecht von oben nach unten.

Den Faden in A zur rechten Stoffseite durchziehen. Einige Millimeter unterhalb von A in B jenseits der Sticklinie schräg rechts einstechen.

Den Faden in C einige Millimeter links neben B wieder herausziehen und anziehen, so dass sich auf dem Stoff ein Schrägstich bildet. – Die Nadel von rechts nach links unter den Schrägstich führen. Ohne den Stoff aufzufassen, die Nadel nochmals unter den Schrägstich führen, unterhalb des vorangegangenen Stichs. Den Faden unter die Nadel legen, so dass sich ein Knoten bildet. Den Faden anziehen.

Weitere Stiche genauso arbeiten.

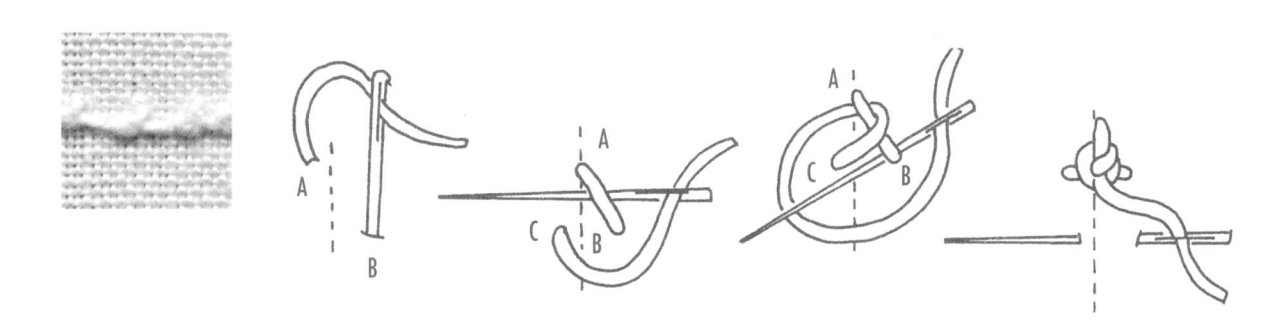

Blattstich

Gestickt wird senkrecht von oben nach unten.

In A oben auf der Sticklinie zur rechten Stoffseite ausstechen. In B links von A einstechen und eine Schlaufe stehen lassen.

In C einige Millimeter unterhalb wieder ausstechen. Den Faden unter die Nadel legen und anziehen.

In D rechts von A auf der Höhe von B einstechen.

Den Faden in E unterhalb von C herausziehen, unter die Nadel legen und leicht anziehen.

Weitere Stiche abwechselnd nach links und rechts arbeiten. Zum Schluss über den letzten Stich einen kleinen geraden Befestigungsstich arbeiten.

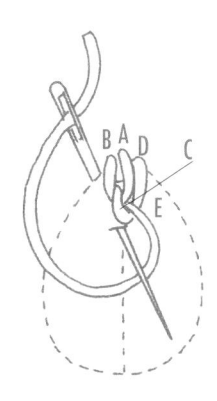

Kreuzstich

Gestickt wird waagerecht zunächst von links nach rechts und dann von rechts nach links.

Der Kreuzstich erstreckt sich über ein Quadrat, das in Breite und Höhe dieselbe Anzahl von Gewebefäden aufweist.

Die Nadel in A zur rechten Stoffseite ausstechen, dann in B oben rechts einstechen und in C senkrecht unter B ausstechen.

Ist die Reihe Unterstiche fertig, darüber von rechts nach links schräg eine Rückreihe Deckstiche in entgegengesetzter Richtung arbeiten, dabei in dieselben Einstich- und Ausstichstellen stechen.

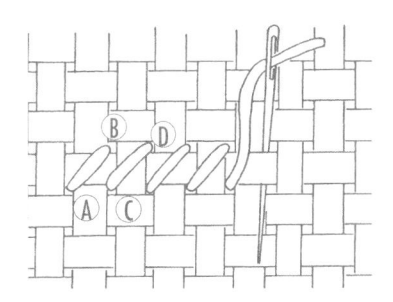

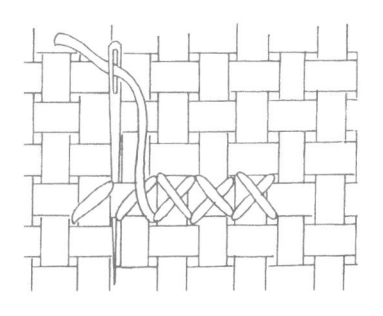

Plattstich

Je nach Motiv wird senkrecht oder waagerecht gestickt.

Den Faden in A zur rechten Stoffseite durchziehen. In B über A einstechen. Die Nadel in C unmittelbar neben A wieder ausstechen.

Zum Sticken weiterer Stiche diesen Arbeitsablauf wiederholen.

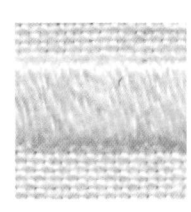

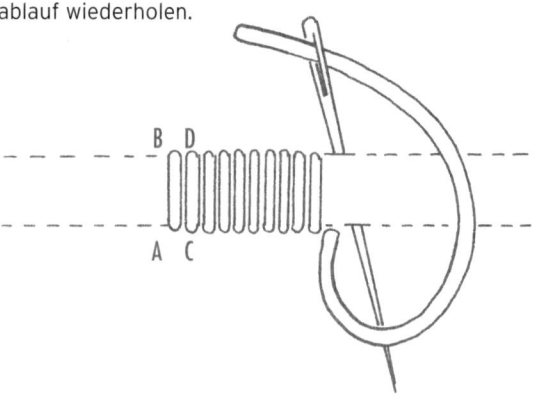

Versetzter Spannstich

In der ersten Stichreihe wird waagerecht von links nach rechts gestickt und in der zweiten Stichreihe von rechts nach links. Die Stickerei verläuft von oben nach unten.

Den Faden in A zur rechten Stoffseite durchziehen. In B senkrecht über A einstechen. Die Nadel in C etwas nach rechts von A versetzt ausstechen. Den Faden anziehen, das ergibt den ersten Stich.

In D neben B einstechen. Diese Stiche definieren die Oberkante der auszufüllenden Fläche. Die Nadel in E ausstechen. Den Faden anziehen und so den zweiten Stich arbeiten. Er muss kürzer sein als der erste Stich.

Abwechselnd kurze und lange Stiche nach rechts versetzt sticken.

In der nächsten Stichreihe von rechts nach links sticken. Dabei unterhalb der kurzen Stiche der ersten Stichreihe lange Stiche arbeiten und umgekehrt.

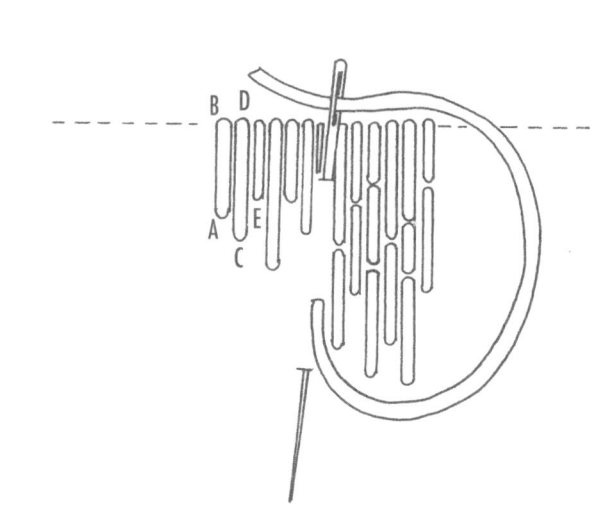

Schattenstich

Gestickt wird auf der linken Stoffseite waagerecht von links nach rechts. Das Motiv wird auf die linke Stoffseite durchgepaust. Der Schattenstich kann auch in umgekehrter Richtung auf der rechten Stoffseite gearbeitet werden.

Den Stickfaden in A zur linken Stoffseite links auf der unteren Sticklinie durchziehen. In B an der oberen Linie nach rechts versetzt einstechen, das ergibt den ersten Schrägstich. In C links davon an der oberen Linie wieder ausstechen, das ergibt einen waagerechten Stich auf der rechten Stoffseite.

In D einstechen. Durch Ausstechen in E rechts von A einen waagerechten Stich an der unteren Sticklinie arbeiten. In F wieder einstechen und in B wieder ausstechen.

Die Stichreihe von der oberen zur unteren Linie arbeitend fortsetzen.

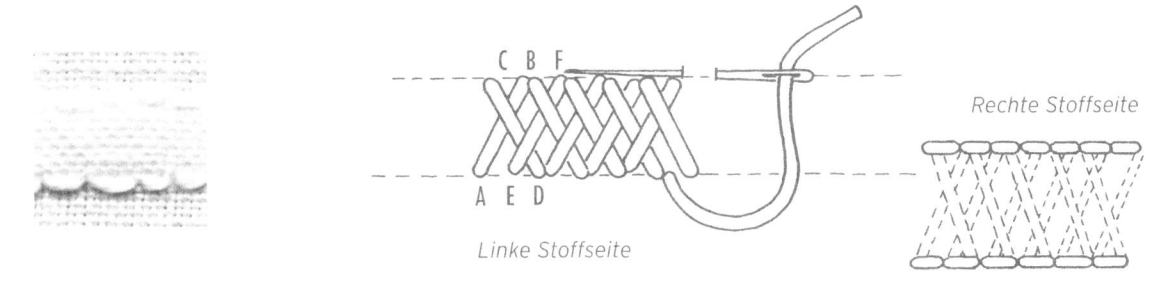

Linke Stoffseite

Rechte Stoffseite

Schnurstich

Gestickt wird waagerecht von links nach rechts.

Die Motivkontur mit Vorstich sticken. Den Faden in A zur rechten Stoffseite durchziehen, in B einstechen und unmittelbar nach B in C ausstechen.

Über die Vorstiche eine Reihe Plattstiche sticken. In E unter der Vorstichreihe ausstechen. In F über E einstechen. In G neben E wieder ausstechen.

Die Vorstichreihe gleichmäßig übersticken.

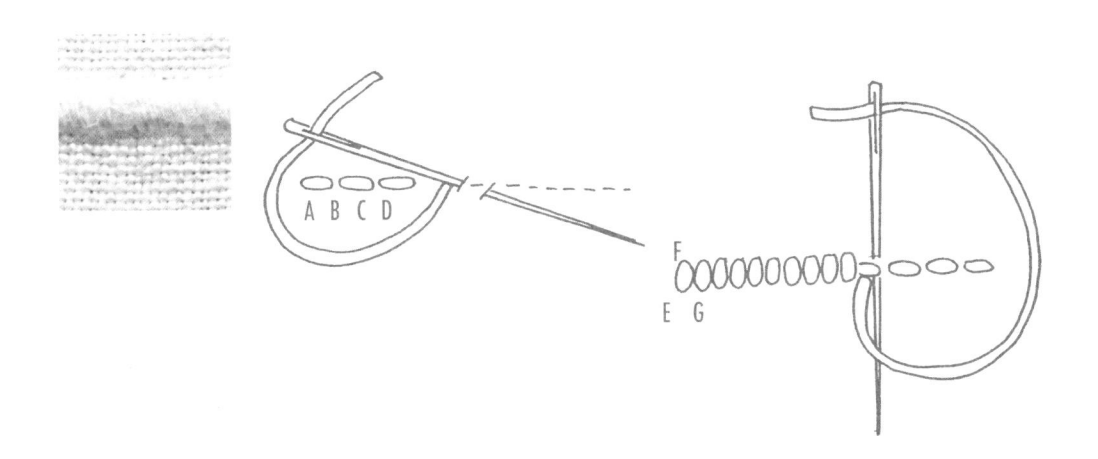

Shisha-Stickerei

Gestickt wird um einen zu applizierenden runden Shisha-Spiegel.

Den zu applizierenden Spiegel auf den Stoff legen. In A oben ausstechen und gegenüber in B einstechen, das ergibt einen langen senkrechten Stich. In C rechts davon wieder ausstechen und in D wieder einstechen, das ergibt einen weiteren langen senkrechten Stich. In E ausstechen und den Faden jeweils um die beiden senkrechten Stiche schlingen. In F einstechen, in G ausstechen und den Vorgang wiederholen und diesen Arbeitsgang durch Einstechen in H beenden. Der Spiegel ist nun auf dem Stoff fixiert.

Im zweiten Arbeitsgang wird der Spiegel über die vier langen Stiche umstickt. In I unten links am Spiegel ausstechen. Die Nadel von oben nach unten mit nach links gehaltenem Faden unter die langen gekreuzten Stiche führen. Im Uhrzeigersinn in J unter I einstechen und einen Kettenstich sticken. In K wieder ausstechen und den Faden unter die Nadel legen. Den Faden anziehen, sodass sich der Kettenstich bildet. Die Nadel unmittelbar über dem vorhergehenden Stich erneut unter die langen gekreuzten Stiche führen. Die Nadel mit nach links und unter die Nadel gehaltenem Faden von oben nach unten führen. In K innerhalb des vorhergehenden Kettenstichs einstechen und links in L wieder ausstechen. Den Faden unter die Nadel legen und leicht anziehen, sodass der zweite Kettenstich entsteht.

Diese Arbeitsschritte wiederholen, bis der Spiegel vollkommen umstickt ist. Am Schlingenende des letzten Kettenstichs zum Befestigen einen kleinen Überfangstich arbeiten, vernähen.

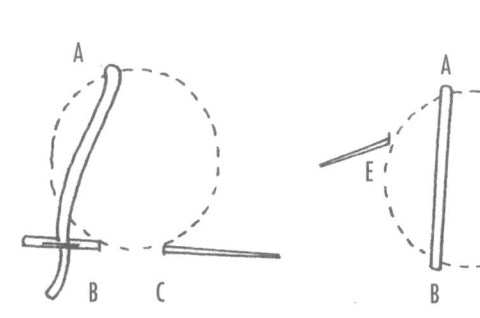

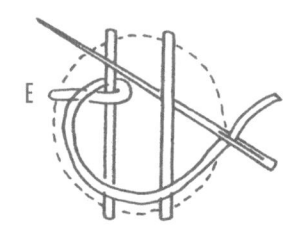

125

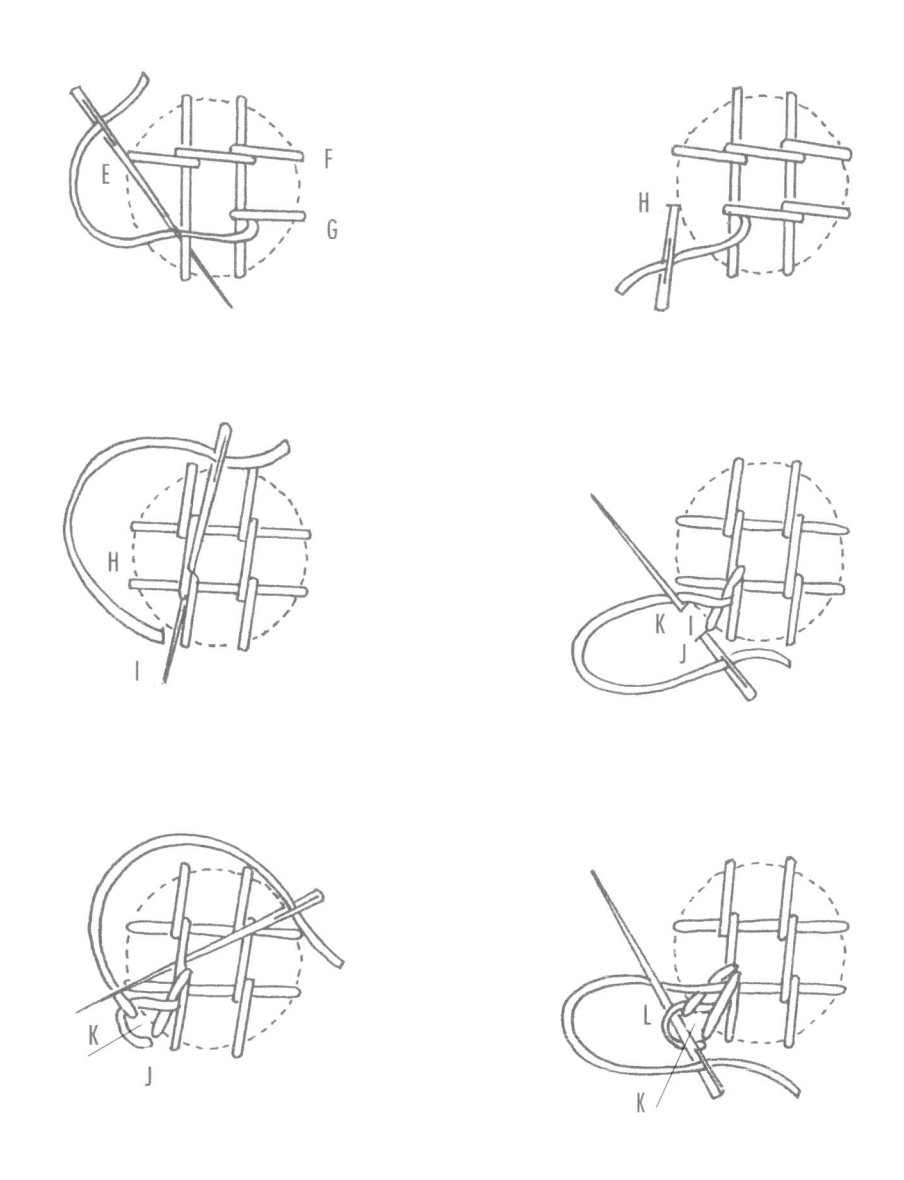

Spinnenstich

Gestickt wird spiralförmig in zwei Arbeitsgängen: Zunächst stickt man das Grundgerüst, dann das »Gewebe«.

Einen sechs- oder achtarmigen Stern sticken. Die Mitte dieses sternförmigen Grundgerüsts durch Ausstechen in A und Einstechen in B fixieren.

Das »Gewebe« mit einem neuen Faden beginnen. Die Nadel in C möglichst dicht neben der Mitte ausstechen. Die Nadel zuerst rückwärts über den vorhergehenden Arm führen und dann unter diesem ersten und dem folgenden Arm durchführen. Den Faden anziehen, sodass er sich um den ersten Arm wickelt. Auf diese Weise fortfahren und die Nadel gegen den Uhrzeigersinn von hinten nach vorne führen. Die Reihen dicht zusammenschieben. – Ist das Grundgerüst vollständig durchwoben, die Spinne beenden. Zum Verdecken des Fadenendes beim letzten Stich die Nadel unter dem »Gewebe« in den Stoff stechen.

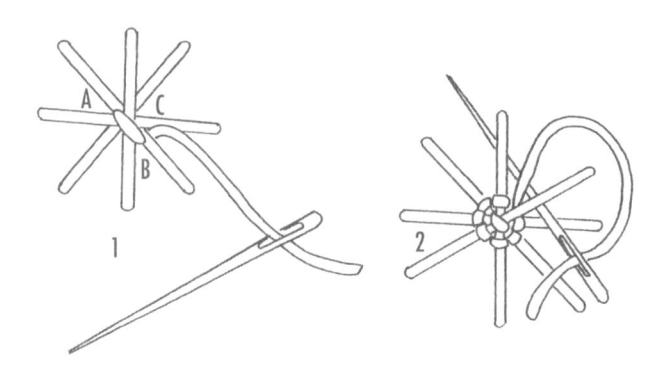

Lochstickerei

Gestickt wird entsprechend dem gewünschten Motiv.

Die Form des Motivs mit Vorstichen umranden. Den Stoff in der Mitte des umrandeten Motivs in Kreuzform einschneiden.

Danach gegen den Uhrzeigersinn arbeiten. In A ausstechen. In B die Nadel in das Loch führen, ohne in den Stoff zu stechen. Den aufgeschnittenen Stoff nach links umschlagen. Die Nadel in C unterhalb von A aus dem Stoff ausstechen. Das Loch auf diese Weise durch vollständiges Übersticken der Vorstiche umranden.

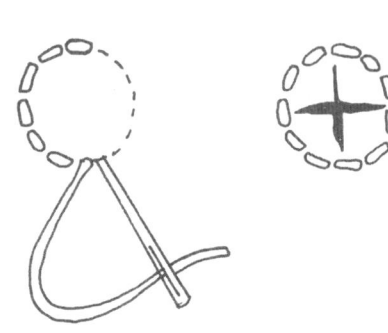

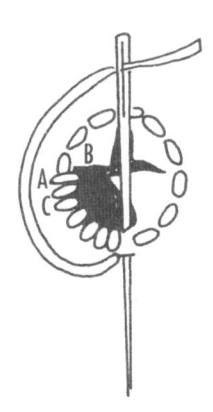

Unterlegter Plattstich

Gestickt wird entsprechend dem gewünschten Motiv.

Die Form des Motivs im ersten Arbeitsgang mit Vorstichen umranden. Im zweiten Arbeitsgang die Fläche mit langen Schrägstichen mit Zwischenräumen unterlegen. Anschließend über die ersten Schrägstiche weitere in entgegengesetzter Richtung verlaufende Schrägstiche sticken.

Mehrere Lagen sich kreuzender Schrägstiche sticken, bis die Stickerei das gewünschte Volumen aufweist.

Im dritten Arbeitsgang mit einer neuen Fadenlänge die verschiedenen Schichten mit Plattstich übersticken. Die Nadel in A rechts außerhalb der Vorstiche zur rechten Stoffseite ausstechen.

Auf der gegenüberliegenden Seite des Motivs in B außerhalb der Vorstiche einstechen.

Auf diese Weise sämtliche Schrägstiche mit weiteren Stichen dicht an dicht übersticken.

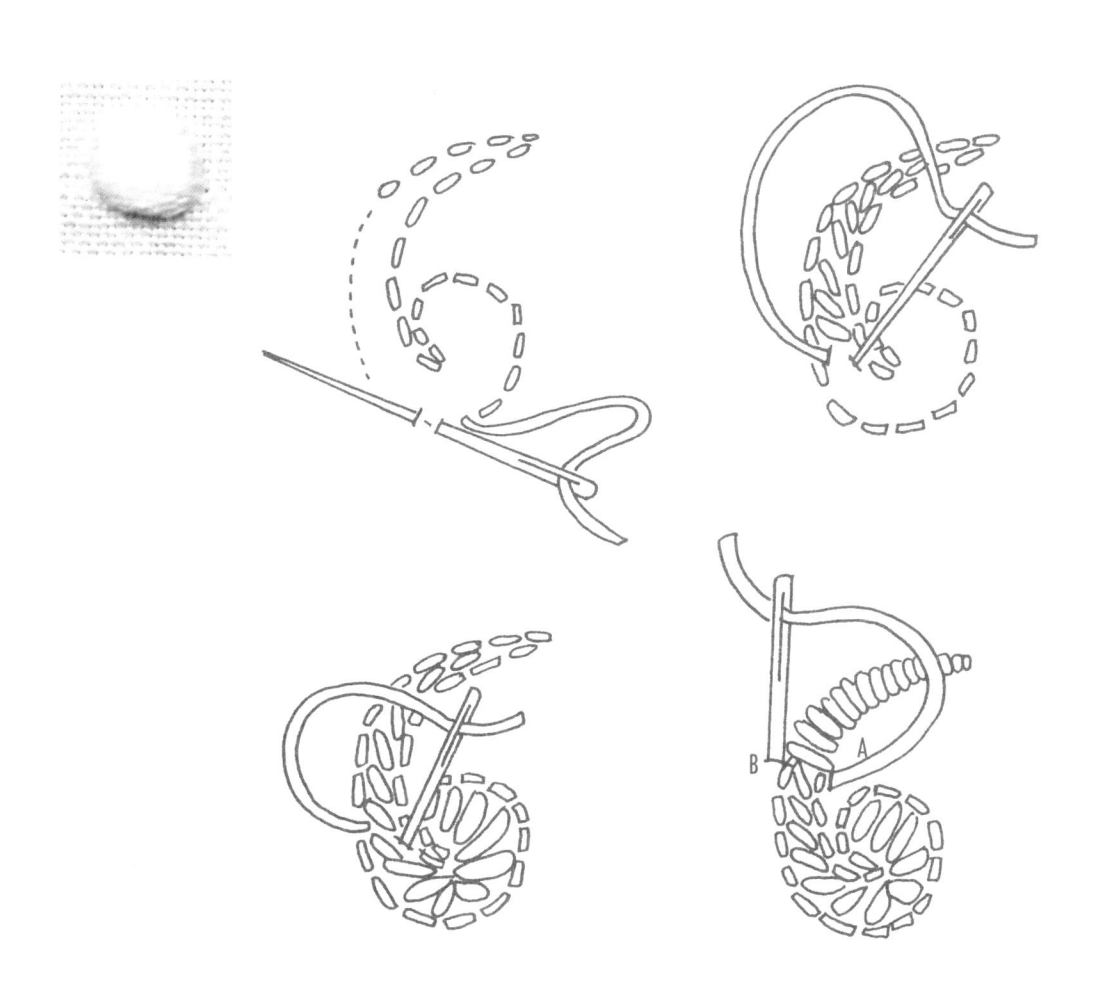

Einfacher Hohlsaum

Gestickt wird waagerecht von rechts nach links.

Die Umschläge für den Saum bügeln. Die Stofflagen des Saums heften. Entlang des Saums zwei bis vier Gewebefäden ausziehen.

Den Faden in A rechts unterhalb des Durchbruchs zur rechten Stoffseite durchziehen, dabei durch die Stofflagen des Saums stechen. Die Nadel in B von links nach rechts unter drei oder (je nach Stoffschwere) mehr Fäden hindurchführen.

In B wieder einstechen und in C ausstechen, dabei durch alle Lagen des Saums stechen. Den Stickfaden anziehen, sodass die Gewebefäden unten am Durchbruch zusammengefasst werden. Auf diese Weise beim Nähen des Saums weitere Fadenbündel bilden. Es wird nur einer der beiden Ränder einer Hohlsaumbordüre gearbeitet.

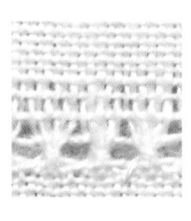

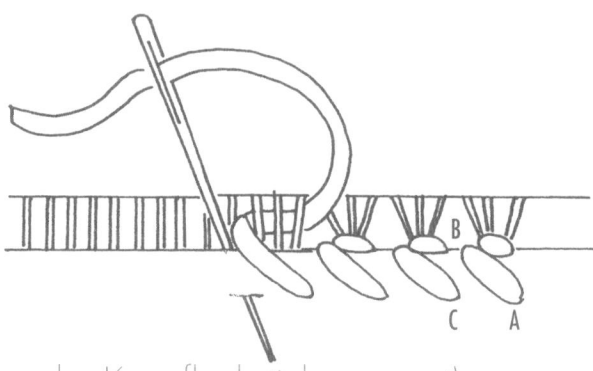

Languettensteg (auch Feston- oder Knopflochstich genannt)

Gestickt wird waagerecht von links nach rechts.

Den Faden in A links auf der Sticklinie auf die rechte Stoffseite durchziehen. In B über A einstechen. In C neben A wieder ausstechen, den Faden unter die Nadel legen und anziehen. Auf diese Weise die gesamte Stichreihe arbeiten. Zum Schluss über das Schlingenende des letzten Languettenstichs einen kleinen Überfangstich arbeiten.

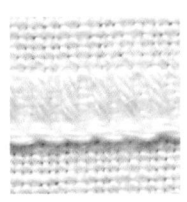

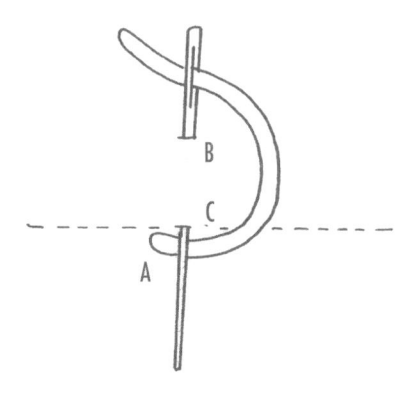

Languettensteg

Die Richelieu-Arbeit umfasst den Languettenstich zum Sticken der Konturen der herauszuschneidenden Flächen sowie den Languettensteg. Der Languettensteg besteht aus umstochenen gespannten Fäden, die den Stoff verstärken und zudem verzieren. Die Stege werden beim Sticken der Motivkonturen umstochen.

Die Umrisse des Motivs mit Vorstich umranden.

Den Stickfaden dort, wo der Steg zu liegen kommt, am Fuß des Vorstichs befestigen. In A ausstechen. Den Faden in B unter den Vorstich der gegenüberliegenden Reihe ziehen und diesen Fadenlauf einmal wiederholen. In B wieder einstechen und den nächsten Steg arbeiten.

Mit Languettenstich den Steg arbeiten, ohne den Stoff aufzufassen. Dazu die beiden Spannfäden mit recht flachen Languettenstichen umstechen. Den Languettenstich mit einem kleinen geraden Befestigungsstich an der Stoffkante fixieren.

Zum Schluss das Motiv mit Languettenstich umranden. Mit der Schere den Stoff innerhalb des Motivs ausschneiden. Die Scherenklingen vorsichtig unter die Stege führen, um sie nicht durchzuschneiden.

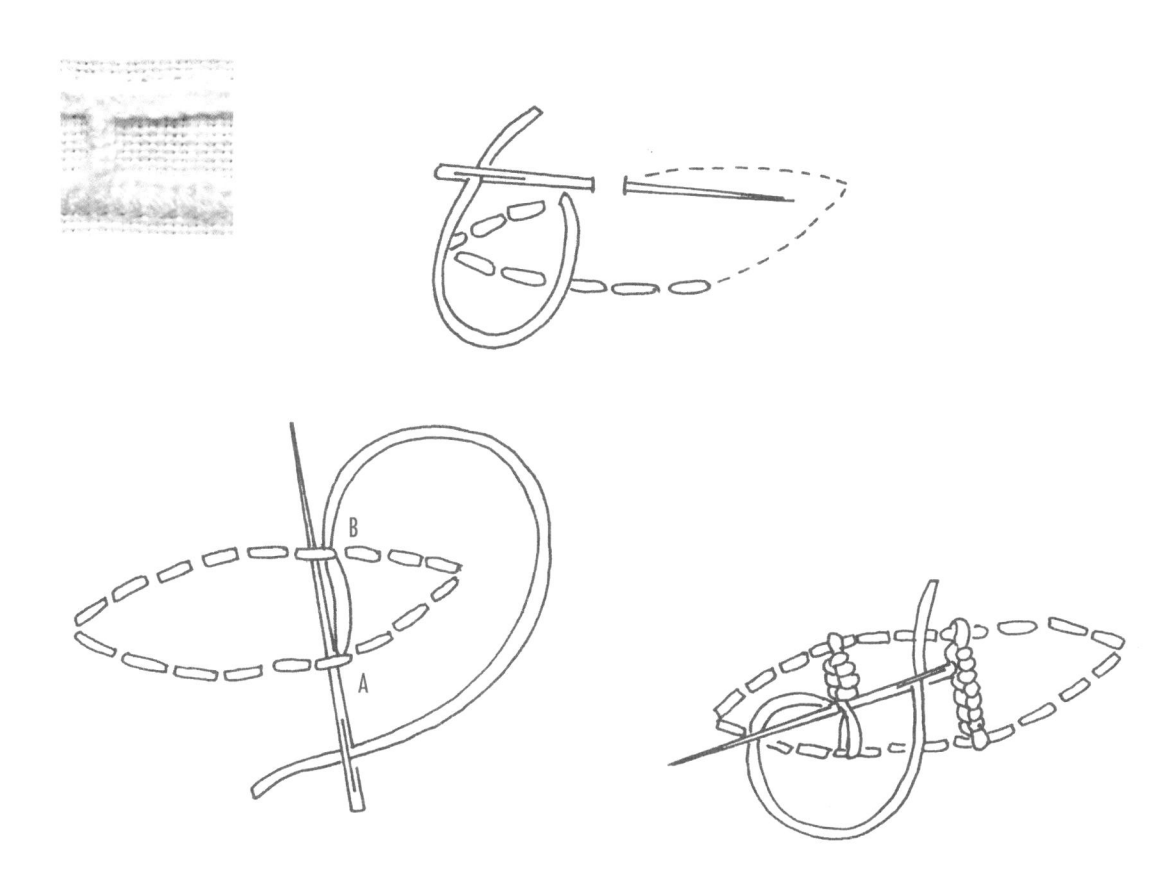

Fadenziehen

Vor dem Sticken einer Hohlsaumarbeit müssen Schuss- oder Kettfäden aus dem Gewebe gezogen werden.

Rings um die Hohlsaumbordüre im Fadenlauf Heftstiche arbeiten. Anschließend an den Enden der festgelegten Bordüre die Fäden durchschneiden.

Mit der Nadelspitze die durchtrennten Gewebefäden von der Mitte zu den Seiten der Bordüre hin anheben und lösen. Alle innerhalb der Heftstichreihen parallel verlaufenden Fäden vorsichtig ausziehen und entfernen.

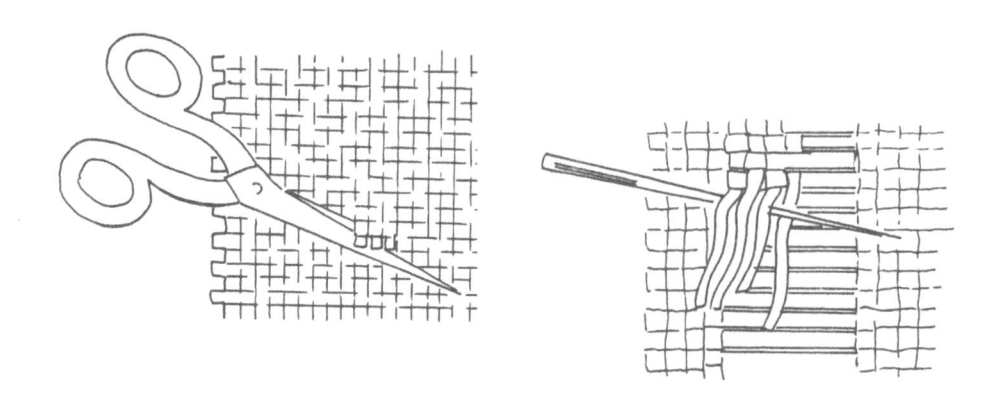

Hohlsaum mit Languettenstich

Mit Languettenstich werden beim Hohlsaum lediglich der Riegel des Hohlsaums oder die Hohlsaumecken gestickt.

Den Faden in A rechts des Rands der gezogenen Fäden zur rechten Stoffseite durchziehen. In B einstechen. – Die Nadel unterhalb von A in dem Teil der gezogenen Fäden wieder ausstechen, den Faden unter die Nadel legen und anziehen. Auf diese Weise die gesamte Stichreihe arbeiten.

Die Stichreihe mit einem kleinen Überfangstich über dem Schlingenende des letzten Languettenstichs beenden.

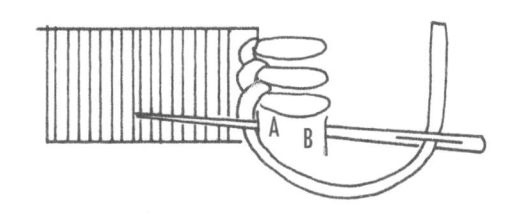

Stäbchenhohlsaum (auch doppelter Hohlsaum genannt)

Gestickt wird waagerecht von links nach rechts.

Den Hohlsaum vorbereiten. Zum Sticken des oberen Bordürenrands wie folgt vorgehen: die Nadel in A links auf der Bordüre zur rechten Stoffseite ausstechen. Die Nadel in B von rechts nach links unter drei oder je nach Stoffschwere mehr Gewebefäden führen. Die Nadel in B wieder einstechen und in C ausstechen. Leicht anziehen, sodass die Fäden zusammengefasst werden.

Weitere Stiche jeweils um drei folgende Gewebefäden arbeiten und so eine Reihe Fadenbündel sticken, die den oberen Bordürenrand bilden.

Den unteren Bordürenrand genauso sticken. Von links nach rechts arbeiten und dabei auf der gegenüberliegenden Seite um dieselben Fadengruppen herumgreifen.

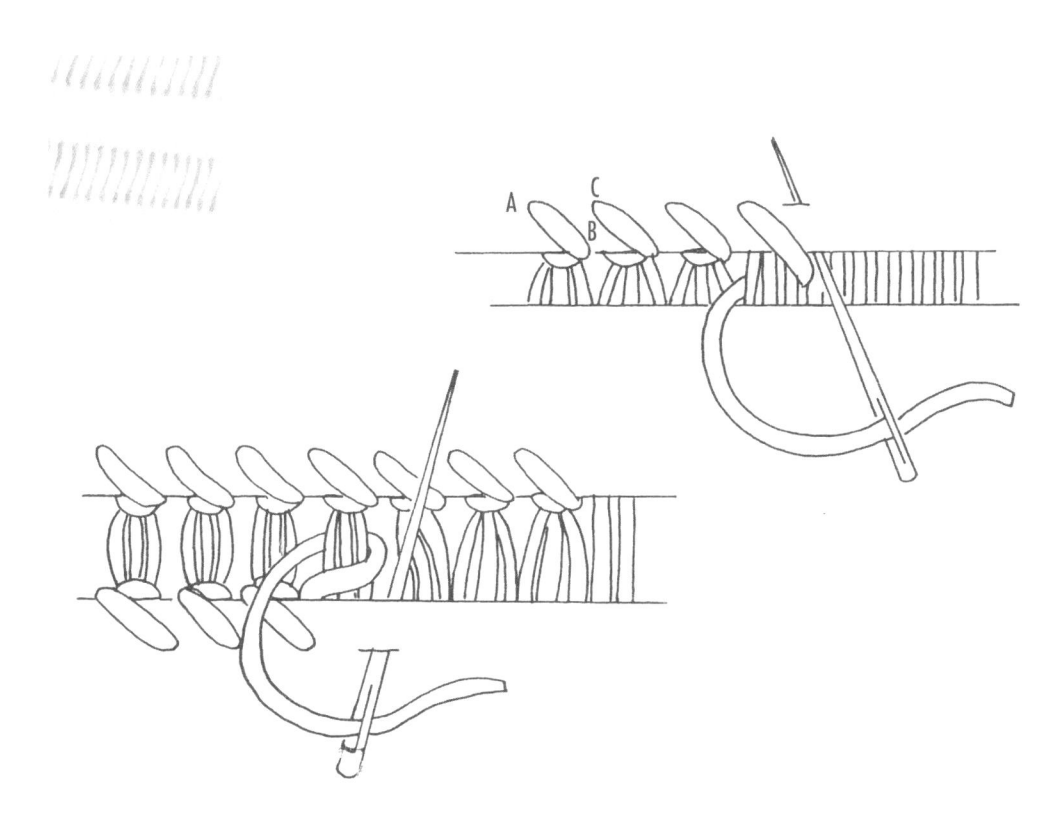

Umschlungener Hohlsaum

Beim ersten Arbeitsgang (Stäbchenhohlsaum) wird waagerecht von links nach rechts gearbeitet. Beim zweiten Arbeitsgang (Umschlingen) wird waagerecht von rechts nach links gearbeitet.

Vor dem Sticken die gewünschte Anzahl Schuss- oder Kettfäden ziehen und danach die Bordüre als Stäbchenhohlsaum sticken.

Eine neue Fadenlänge einfädeln und am rechten Bordürenrand befestigen. Die Nadel unter die beiden ersten Fadenbündel führen. Diese beiden Fadenbündel in der Mitte mit dem Stickfaden umschlingen. Leicht anziehen und darauf achten, dass der Schlingknoten in der Mitte der Bündel liegt.

Die Nadel unter die beiden nächsten Bündel führen und erneut mit einem Schlingknoten zusammenfassen.

Die Fadenlänge muss unbedingt etwas länger sein als die zu stickende Bordüre, denn der umschlungene Hohlsaum verträgt ein Ansetzen des Stickfadens nicht. Wichtig für eine geradlinige Bordüre ist daher die richtige Fadenlänge. Der Stoff muss für eine gleichmäßige Fadenspannung in den Stickring eingespannt werden.

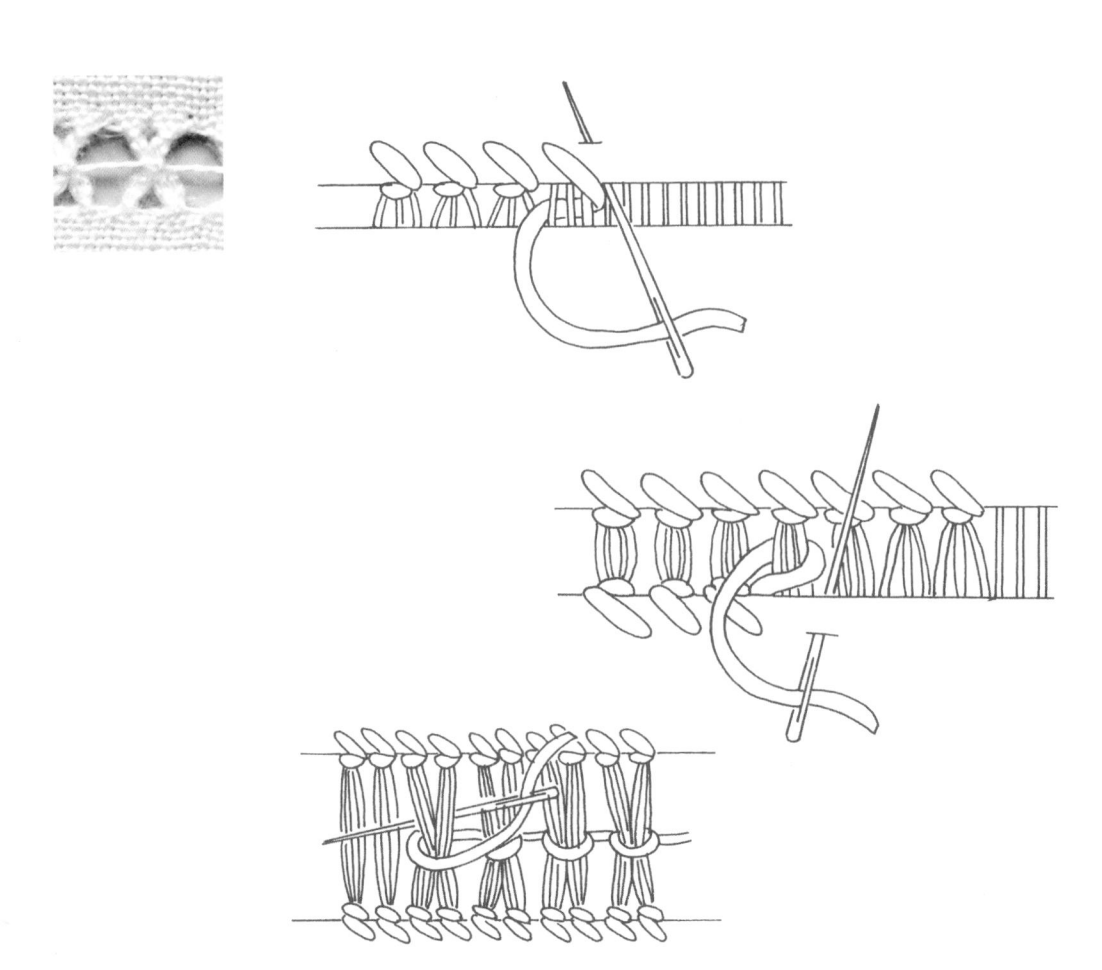

133

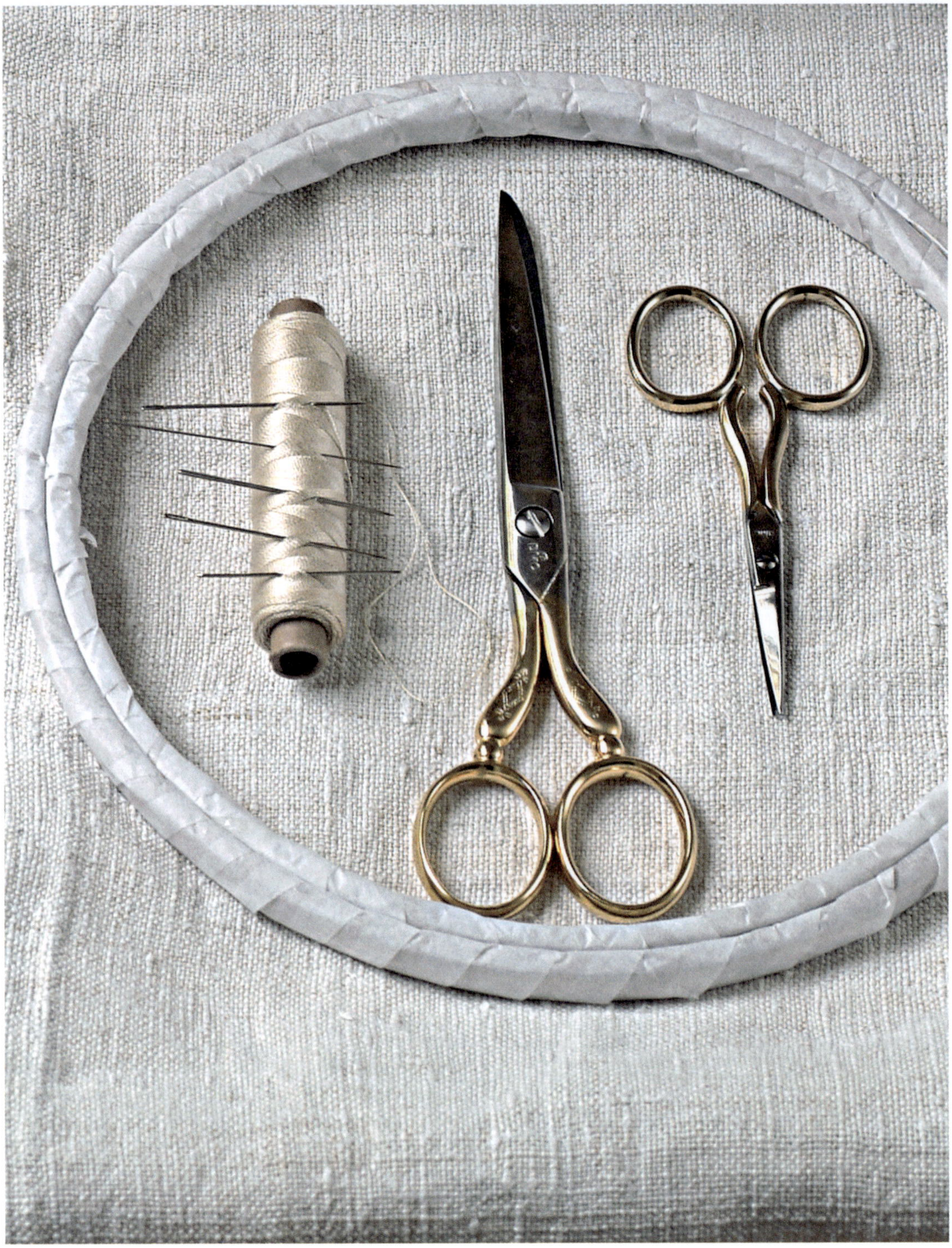

Tipps und Tricks

Das Stickmotiv vergrößern

Bei einigen Projekten wird angegeben, um welchen Prozentsatz die in diesem Buch abgebildeten Motive auf dem Kopiergerät vergrößert werden müssen.

Das Übertragen der Muster

Die direkte Übertragung oder das Pausen

Auf feine Stoffe kann das Motiv direkt gepaust werden. Legen Sie auf dem Stoff fest, wo die Stickerei gearbeitet werden soll, und markieren Sie die Mitte mit einigen Heftstichen. Kleben Sie die kopierten Mustervorlage an den Ecken auf einen Tisch und legen Sie den Stoff so darauf, dass die Motivmitte mit den Heftstichen übereinstimmt. Stecken Sie Stoff und Mustervorlage mit Stecknadeln zusammen und zeichnen Sie das Motiv mit einem mittelweichen Bleistift nach. Die Musterlinien verschwinden beim ersten Waschen.

Schneiderkopierpapier

Bei Stoffen, die sich nicht zum unmittelbaren Übertragen eignen, verwenden Sie Schneiderkopierpapier. Legen Sie den Stoff, auf dem Sie die Mitte mit einigen Heftstichen markiert haben, flach auf einen Tisch und darauf das Kohlepapier mit der beschichteten Seite nach unten. Große Stoffstücke beschweren Sie ringsherum, damit sie nicht verrutschen. Legen Sie dann das kopierte Motiv auf das Kohlepapier. Stecken Sie die drei Lagen zusammen. Nun müssen Sie das Motiv nur noch mit einem Kugelschreiber nachziehen. Dabei weder das Transparentpapier noch das Kohlepapier beschädigen, jedoch hinreichend durchdrücken, um auf dem Stoff eine deutliche Musterkontur zu erhalten. Die Musterlinien verschwinden beim ersten Waschen.

Der Transferbügelstift

Im vorliegenden Buch werden die Motive mit einem Kugelschreiber oder Bleistift übertragen. Zum Korrigieren oder falls Ihr Motiv mit der Zeit verblasst, sind die in Kurzwarenhandlungen erhältlichen Transferstifte angezeigt. Wie bei den anderen Übertragungsmethoden waschen sich die Musterlinien beim ersten Waschen aus.

Die Stiche

Die Ton in Ton gearbeitete Weißstickerei demonstriert die Virtuosität der Stickerin. Die Palette der verwendeten Stiche ist enorm. Zu den speziellen Stickstichen der Weißstickerei zählen Schnurstich, unterlegter Plattstich, Hohlsaum-, Richelieu- oder Lochmusterstiche. Aber auch traditionelle Stiel-, Stepp-, Knötchen- oder Kettenstiche werden in der Weißstickerei angewendet.

Bordüren- und Füllstiche

Stiel- und Steppstich eignen sich für feine Linien. Knötchen-, Ketten- und Schlingenstich werden auch für Bordüren verwendet, bilden aber mehr Relief. Zum Ausfüllen von Flächen eignen sich Plattstich und versetzter Spannstich. Am Anfang werden Sie wahrscheinlich einige Schwierigkeiten haben, gleichmäßige Flächen zu sticken. Lassen Sie sich aber nicht entmutigen. Beherrschen Sie erst die Technik, erzielen Sie hervorragende Ergebnisse.

Reliefstiche

Schnurstich, unterlegter Plattstich und die Lochstickerei sind die »glorreichen Drei« der Monogrammstickerei, sofern Sie einige Regeln beachten: die Konturen mit kleinen Vorstichen sticken, das Motiv lagenweise unterlegen und übersticken. Und wenn Sie beim Übersticken mit kurzen Fadenlängen arbeiten, damit die Stiche möglichst exakt werden, dann ist der Erfolg gewiss.

Hohlsaumstiche

Hohlsaumstiche sehen schwirig aus, sind von der Technik her aber ganz einfach. Nur die Vorarbeiten sind etwas mühselig. Gleichwohl darf der Stoff keinerlei Appretur haben, die die Fäden blockiert.

Schattenstich

Transparente Stoffe haben ihren eigenen Stich, den Schattenstich. Er ist sehr einfach zu sticken. Die einzige Schwierigkeit liegt im unsichtbaren Ansetzen und Vernähen des Stickfadens.

Die Stickprobe

Mithilfe einer Stickprobe können Sie feststellen, ob die Garnstärke für die Stiche geeignet ist, die Nadelstärke nicht zu groß ist und den Stoff beschädigt oder das Öhr das Stickgarn nicht zu rasch verschleißt. Gegebenenfalls können Sie anderes Garn oder eine andere Nadel verwenden und üben dabei noch die Stichtechnik.

Eine Fadenlänge ansetzen und vernähen

Sie beginnen die Stickerei durch Einstechen der Nadel auf der linken Stoffseite, ziehen den Stickfaden durch und lassen 2 bis 3 cm Faden auf der linken Stoffseite hängen. Diesen Fadenrest halten Sie mit einem Finger fest und fassen ihn bei den folgenden Stichen zum Befestigen mit auf. Zum Vernähen machen Sie auf der linken Seite der Arbeit unter den beiden vorhergehenden Stichen nur zwei Rückstiche und schneiden den Faden dann mit 2 mm Überstand ab. Um eine neue Fadenlänge anzusetzen, machen Sie auf der linken Seite der Arbeit unter den vorhergehenden Stichen zwei Rückstiche. In der Weißstickerei werden die Fäden nie verknotet.

Falls Sie einige Stiche wieder auftrennen müssen

Es kommt durchaus vor, dass man Stiche wieder rückgängig machen muss. Außer beim Knötchenstich, bei dem dies nicht möglich ist, verfahren Sie wie folgt:
- Sind nur wenige Stiche aufzumachen, ziehen Sie den Faden aus der Nadel und heben den ersten fehlerhaften Stich mit dem Öhr an, ziehen den Faden heraus und lösen den Stich vollkommen auf. Verfahren Sie so auch bei den anderen fehlerhaften Stichen, und vernähen Sie den Faden. Da das Aufmachen der Stiche den Faden verschleißt, sollten Sie keinesfalls mit einem gebrauchten Faden weitersticken.
- Sind mehrere Reihen aufzumachen, arbeiten Sie auf der linken Stoffseite. Die fehlerhaften Stiche mit der Spitze der Stickschere anheben, dann die Fäden durchschneiden. Anschließend die Arbeit wenden und die durchtrennten Fäden mithilfe der Scherenspitze entfernen. Falls Sie wieder über dieselben Stellen sticken, sollten Sie so arbeiten, dass eventuell vorhandene Einstichstellen verdeckt werden, oder Sie streichen zum Schließen der Löcher mit dem Fingernagel über den Stoff. Auch können Sie die Gewebefäden an den Löchern vorsichtig mit der Nadelspitze verschieben, zuvor müssen Sie den in den Stickring gespannten Stoff jedoch etwas einsprühen.

Pflege

Waschen

Eine auf Baumwoll- oder Leinengrund gearbeitete Stickerei können Sie durchaus von Hand oder in der Maschine waschen. Diese Stoffarten können bis 60 °C gewaschen werden, gleichwohl sollten Sie ein Feinwaschprogramm wählen.
Bei jeder dritten oder vierten Wäsche zugegebene Mittel mit aktivem Sauerstoff frischen das Weiß auf. Mit Bleichmitteln können Sie den Stoff wieder weiß bekommen oder Flecken entfernen, doch sollten sie bei der Handwäsche verwendet werden. Wird der Stoff gelb (in der Regel weil das Bleichmittel nicht ausreichend verdünnt wurde), tauchen Sie ihn sofort in ein handwarmes Bad. Dann vorsichtig auswringen und an einem kühlen Ort flach ausbreiten.

Stärken

Zum Entfernen von Knitterfalten, die beim Waschen entstehen, und um Ihrer Wäsche etwas Griff zu verleihen, sollten Sie sie stärken. Die im Handel erhältlichen Sprühstärken empfehlen wir jedoch nicht, da sie beim Bügeln auf der Wäsche Flecken verursachen können. Verwenden Sie wie einst die Großmama Stärkepulver, damit lässt sich der Stoff vollständig und gleichmäßig stärken. Lösen Sie eine Handvoll Stärke in kaltem Wasser mit einem Holzlöffel auf. Den Stoff eintauchen, auswringen und flach ausbreiten. Noch bügelfeucht sorgfältig bügeln.

Bügeln

Leinen, Baumwolle und Leinen- oder Baumwollmischgewebe bügelt man feucht mit einem Bügeltuch. Die Stickerei mit der linken Seite nach oben auf ein mit einem dicken Molton bedecktes Bügelbrett legen. Das Bügeltuch anfeuchten, gut auswringen und zweimal doppelt legen, damit der Stoff nicht glänzend wird.
Beim Bügeln das Bügeltuch zwischen Eisen und Stoff legen und den Stoff im Fadenlauf ziehen. Das Wäschestück vor dem Falten flach liegend auskühlen lassen. Faltet man den heißen Stoff, entstehen sehr markante und bleibende Falten. Schieben Sie beim Falten die Hand flach zwischen die Stoffschichten und in die Falte hinein, um unerwünschte Kniffe zu vermeiden.

Stoffe

Je nachdem, welche Weißstickerei Sie herstellen und wofür Sie sie benutzen möchten, verwenden Sie nicht irgendeinen Stoff, sondern dicht gewebte Stoffarten. Zu Ihrer Orientierung bei der Stoffwahl seien hier verschiedene dicht gewebte Stoffe erwähnt.

Batist

Dieses sehr feine Gewebe in Leinwandbindung, vorwiegend aus Baumwolle oder Viskose, eignet sich ausgezeichnet für Unterwäsche und kleine, zarte Arbeiten wie Deckchen oder Taschentücher.

Stramin

Für Zählarbeiten verwenden Sie am besten Stramin. Die Auswahl ist unendlich, denn es gibt Stramin aus Baumwolle, Leinen, Seide oder Wolle.

Linon

Linon ist ein noch feineres Baumwollgewebe als Batist und wird für feine Wäsche wie Taschentücher, Babywäsche und Unterwäsche verwendet. Häufig mercerisiert und daher leicht glänzend.

Damast

Ein Jacquardgewebe ursprünglich aus Seide, heute auch aus Baumwolle oder Chemiefasern, mit matten oder glänzenden geometrischen Mustern. Ausgezeichneter Stickgrund für mit Plattstich und Schnurstich gestickte Monogramme. Auch Tischwäsche wird aus Damast gemacht.

Halbleinen

Tischdecken, Bettwäsche, Servietten, Geschirrtücher sind häufig aus Halbleinen, einem weißen oder ecrufarbenen Gewebe aus Baumwolle und Leinen. Eignet sich gut für voluminösere Stickmotive.

Perkal

Bettwäsche wird häufig aus Perkal, einer qualitativ hochwertigen Baumwolle, gemacht. Auf Perkal sind alle Varianten der Weißstickerei möglich.

Voile

Transparenter, feinfädiger, leinwandbindig gewebter Stoff aus hochgedrehten Garnen. Als Baumwoll-, Woll- oder Seidenvoile erhältlich.

Organdy

Das Besondere an diesem feinen, opalisierten Batist aus Baumwolle oder Chemiefasern ist, dass er selbst beim Waschen nicht die Stärke verliert. Hervorragend geeignet für Schattenstickerei.

Leinwandgewebe

Die Schwere dieses leinwandbindigen Leinenstoffes rührt von den verwendeten Gewebefäden her. Großflächige Arbeiten wie Gardinen mit Richelieu- oder Hohlsaumstickerei werden aus Leinwand gemacht.

Der Zuschnitt

Zunächst die Webkanten entfernen und die Stoffkanten fadengerade zuschneiden. Verfahren Sie dazu wie folgt: Einen kleinen, 2 cm langen Schlitz in den Stoffrand schneiden, einen Faden ausziehen und entlang dieser Linie schneiden. Als Hilfe beim Schneiden den Faden in regelmäßigen Abständen anheben. Dann mithilfe eines Lineals, Dreiecks und mit Stecknadeln die Abmessungen der Stickerei mit einer Zugabe von 15 cm ringsherum auf den Stoff übertragen.

Das Versäubern

Ob Sie von Hand oder mit Zickzackstich mit der Maschine versäubern: Das Versäubern ist für jede Stickerei wichtig, sofern die Stoffkanten nicht ausfransen sollen.

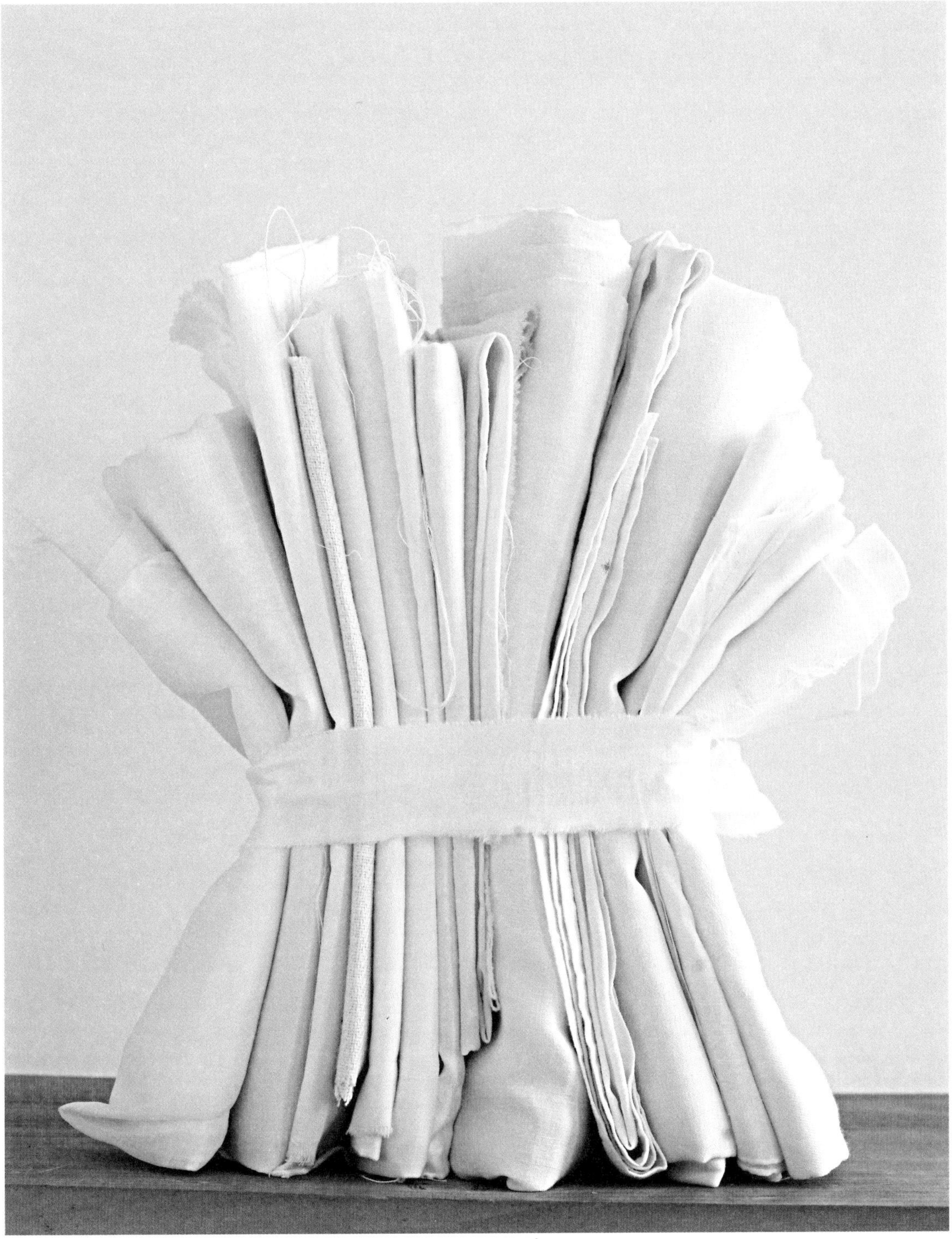

Das Entfernen der Appretur

Neue Stoffe enthalten Appretur, die Sie vor dem Sticken entfernen müssen. Ausnahmen bilden Organdy und Voile.

Baumwollgewebe

Baumwolle mindestens eine Stunde in warmem Wasser unter Zugabe von Kernseife einweichen. Anschließend gründlich spülen, ohne zu wringen, ausdrücken und trocknen lassen. Noch bügelfeucht bügeln.

Leinengewebe

Eine Nacht in warmem Wasser unter Zugabe von Kernseife einweichen. Dabei reichlich Wasser verwenden und den Stoff gut auseinanderziehen, damit keine bleibenden Falten entstehen. Große Stoffstücke in die Badewanne legen. Am nächsten Morgen den Stoff spülen, ohne zu wringen, austropfen lassen und flach ausbreiten. Noch bügelfeucht bügeln. Soll der Stoff wieder etwas Griff erlangen, können Sie ihn beim Bügeln leicht stärken.

Wolle

Den Wollstoff in reichlich kaltes Wasser tauchen und eine Stunde einweichen lassen. Anschließend austropfen und liegend trocknen lassen. Nur in trockenem Zustand bügeln.

Seide

Seide muss vor dem Sticken nicht gewaschen werden. Es genügt, sie in den Händen leicht zu reiben und mit einem trockenen Bügeltuch zu bügeln.

Garn

Das für die in diesem Buch beschriebenen Stickereien verwendete Stickgarn besteht aus 100 % Baumwolle. Je nach Zwirnung der Fäden ist die Garnoptik flach, rund, matt oder glänzend.

Sticktwist

Traditionelle Stickstiche, das Übersticken beim unterlegten Plattstich-, Schnur- oder Lochmusterstich sowie der Schattenstich werden mit Sticktwist gestickt. Er ist in vielen Farbtönen erhältlich, besteht aus sechs Teilfäden und kann je nach Stickerei und Stoffart als einzelner Faden oder mit mehreren Teilfäden verarbeitet werden.

Perlgarn

Perlgarn ist in verschiedenen Stärken erhältlich, sehr glänzend, von der Struktur her rund und stark gezwirnt. Es wird für traditionelle Stickstiche auf festem Grund wie Bettwäsche, Perkal oder Leinwand verwendet.

Mattgarn

Locker gewebte Stoffe und schwerer Stramin sind hervorragend für Stickereien mit Mattgarn geeignet. Das Garn ist dick und rund, etwas gezwirnt und in vielen Farbtönen erhältlich.

Vierfachgarn

Dieses satinierte, gezwirnte Stickgarn mit rundem Querschnitt wird in der Hauptsache für Languettenstich und Hohlsaumstich verwendet. Darüber hinaus werden Monogramme mit unterlegtem Plattstich mit Vierfachgarn gestickt.

Fadenlänge

Damit das Garn beim Sticken nicht verschleißt, sollten Sie etwa 30 cm lange Arbeitsfäden verwenden. Der Faden neigt dazu, von einem Moment auf den anderen seine Zwirnung zu verlieren. Geschieht dies, brauchen Sie die Stickerei nur hochzuhalten und die Nadel hängen zu lassen. Der Stickfaden dreht sich dann um sich selbst und erhält seine ursprüngliche Zwirnung zurück.

Nadeln

Sticknadeln mit Spitze

Sticknadeln für die Weißstickerei haben feine und recht spitze Spitzen. Ihr großes Öhr schiebt die Gewebefäden auseinander und vermeidet somit Reibung am Stickfaden und zu raschen Verschleiß.
Die Nadelstärken gehen von der feinen Nr. 1 bis zur groben Nr. 10. Die Größe der Nadel differiert nach Stickgrund und Fadenstärke.

Sticknadeln ohne Spitze

Kreuzstichstickerei wird mit einer Sticknadel ohne Spitze ausgeführt. Solche Nadeln gibt es in den Stärken 13 bis 26. Je feiner und kürzer die Nadel, desto höher die Nummer.

Nähnadeln

Zum Nähen und Fertigstellen sind Nähnadeln unerlässlich. Es gibt lange (für Heftstiche), mittellange (zum Versäubern und Säumen) und kurze Nähnadeln (für Nähte). Sie sind spitz, haben ein kleines Öhr und stehen in den Stärken 1 bis 12 zur Verfügung.

Stickring

Er besteht aus zwei ineinanderliegenden Holzreifen, mit denen Sie den Stoff straff spannen. Auf einem Stoff, der sich nicht verformt, ist es einfacher, die Stiche exakt zu arbeiten. Wickeln Sie Seidenpapier oder Baumwollband um den inneren Reifen, um den Stoff nicht zu beschädigen.
Stickringe gibt es in verschiedenen Durchmessern. Für die hier erwähnten Arbeiten brauchen Sie zwei Stickringe, einen 10-cm-Stickring zum Sticken der Ecken und einen 15-cm-Stickring für alle anderen Stickarbeiten.

Scheren

Schneiderschere

Mit der Schneiderschere schneiden Sie den Stoff zu. Die Klingen müssen auf der gesamten Länge scharf sein.

Stickschere

Die kleine Stickschere mit scharfen Spitzen dient zum Schneiden der Arbeitsfäden, bei bestimmten Stickstichen zum Aufschneiden des Gewebes oder zum Schneiden des Stoffs entlang von Languettenstichreihen.

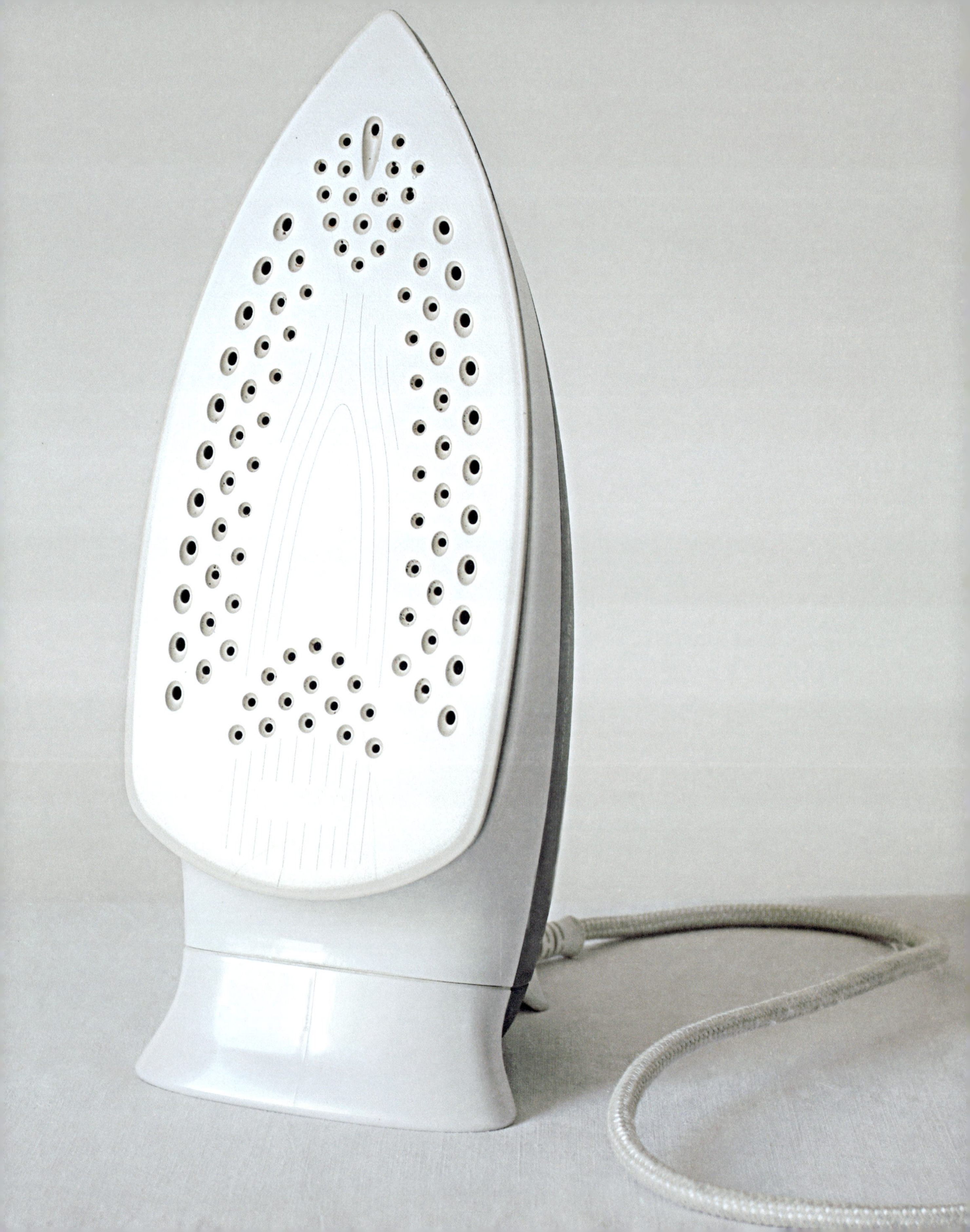

Index

Abc 52–57, 78–81
Appretur entfernen 140
Auftrennen 136

Badetuch 24–27
Batist 137
Bettbezug 66–69
Betttuch und Kissen 90–97
Beutel 98–101
Bügeln 137

Damast 138
Daunenbettbezug 110–111

Fadenlänge 136
    ansetzen 136
    vernähen 136

Gardine 106–109

Halbleinen 138
Hohlsaum
    einfacher 128
    Fäden ziehen 130
    Stäbchenhohlsaum oder doppelter 131
    umschlungener 132
Hülle 74–77

Kissen
    Kopfkissen 20–23
    quadratisches 82–87
    rechteckiges 112–115
    Türkissen 62–65

Lampenschirm 58–61
Languettensteg 129
Läufer 70–73
Leinwand 138
Linon 138

Nackenrolle 102–105
Nadeln 141
    mit Spitze 141
    Nähnadeln 141
    ohne Spitze 141
    Sticknadeln 141

Organdy 138

Perkal 138
Plaid 16–19

Regalborte 44–47
Richelieu-Arbeit 129

Scheren 141
Schürze 40–43
Servietten 8–11
Stärken 137
Stiche
    Blattstich 121
    Einfacher Hohlsaum 128
    Hohlsaum mit Languettenstich 130
    Kettenstich 119
    Knötchenstich 120
    Kreuzstich 121
    Languettenstich 128
    Lochstickerei 126
    Palestrinastich 120
    Plattstich 122
    Schattenstich 123, 136
    Schlingenstich 119
    Schnurstich 123
    Shisha-Stickerei 124–125
    Spinnenstich 126
    Steppstich 118
    Stielstich 118
    Unterlegter Plattstich 127
    Versetzter Spannstich 122
Stickgarn 140
    Mattgarn 140
    Perlgarn 140
    Sticktwist 140
    Vierfachgarn 140
Stickprobe 136
Stickring 141
Stoffe 137–138
Store 36–39
Stramin 137

Tablettdeckchen 48–51
Tee-Tischdecke 28–35
Tischdecke 88–89
Tischset 12–15

Übertragen des Motivs 135
    direkte Übertragung 135
    Schneiderkopierpapier 135
    Transferbügelstift 135
    Transparentpapier 135

Vergrößern 135
Versäubern 138
Voile 138

Waschen 137
Webkante 138

Zuschnitt 138

Deutschland

DMC-Stickstube
Drachenrebenweg 1b
76275 Ettlingen
www.dmc-stickstube.de

Creativ-Galerie
Das Handarbeitshaus
Grötzinger Straße 71
76227 Karlsruhe
www.handarbeitshaus.de

Fadenversand
www.fadenversand.de

Schweiz

Zürcher Stalder AG
Gewerbestraße 9
3421 Lyssach
www.zsag.ch

Österreich

Belousek
Linzer Straße 235 A
1140 Wien
www.belousek.at

Zur Autorin:
Marie-Noëlle Bayard blickt auf eine Textildesigner-Ausbildung an der Pariser *École supérieure d'arts appliquées Duperré* mit Spezialfach Handstickerei zurück. Nach Erreichung ihres Diploms arbeitete sie im Bereich der Innenausstattung, für Modedesigner wie Kenzo, Vanessa Bruno oder Michel Klein, für Valombreuse, den Spezialisten für handbestickte Wäsche, für Frauenmagazine wie *100 Idées, Marie Claire Idées, Prima, Avantages, Elle Décoration* und sie schrieb zahlreiche Bücher zu Themen der kreativen Freizeitgestaltung.

Die französische Originalausgabe erschien 2006 unter dem Titel *broderie blanche* von Marie-Noëlle Bayard bei Marabout (Hachette Livre), F-Paris

Copyright © 2006 by Marabout (Hachette Livre)

Alle Fotografien dieses Buches stammen von Frédéric Lucano
Styling für die Fotoarbeiten: Sonia Lucano

Aus dem Französischen übersetzt von Waltraud Kuhlmann, D-Bad Münstereifel
Satz der deutschen Ausgabe: sos-buch, D-Mainz
Umschlaggestaltung: René Tschirren, CH-Bern

Bibliografische Information der Deutschen Nationalbibliothek
Die Deutsche Nationalbibliothek verzeichnet diese Publikation in der Deutschen Nationalbibliografie; detaillierte bibliografische Daten sind im Internet über http://dnb.d-nb.de abrufbar.

ISBN: 978-3-258-07269-2

Alle Rechte vorbehalten
Copyright © 2008 für die deutsche Ausgabe by Haupt Berne
Jede Art der Vervielfältigung ohne Genehmigung des Verlages ist unzulässig

Wünschen Sie regelmäßig Informationen über unsere neuen Kunsthandwerk-Titel? Möchten Sie uns zu einem Buch ein Feedback geben? Haben Sie Anregungen für unser Programm? Dann besuchen Sie uns im Internet auf www.haupt.ch.
Dort finden Sie aktuelle Informationen zu unseren Neuerscheinungen und können unseren Newsletter abonnieren.